ALUMBRADA POR SU GLORIA

Robert J. Wieland

Traducción: http://www.libros1888.com

ISBN 979-8-9868765-3-5

Cubrir imagen es Shutterstock #1648080961: Imagen
del telescopio espacial Hubble de la nebulosa de Orión

Tabla de contenido

Introducción

¿Por qué es tan importante?

La historia y el contenido del mensaje de 1888 tienen un extraordinario interés para todo adventista en el mundo entero. Ellen White dijo en repetidas ocasiones que el fracaso en comprender y aceptar este mensaje ha retrasado grandemente el progreso de la iglesia, y demorado el triunfo del mensaje del "evangelio eterno".

En nuestros días, las deserciones, la apostasía, el fanatismo, las interpretaciones proféticas divergentes y las incursiones de lo que se conoce como la "teología reformacionista" significan una plaga para la iglesia. Como resultado, la pérdida de laicos y pastores ha sido notable. Esos problemas tienen relación con la confusión y desconocimiento de la historia y el mensaje de 1888.

Los que creen el Nuevo Testamento, comprenden que los judíos rechazaron y crucificaron a su Mesías. Si la nación judía quisiera ponerse en paz con Dios, ¿no sería una excelente idea que entendiera sobre su rechazo y se arrepintiese de él?

Si queremos reconciliarnos con el Señor, ¿no sería acaso sabio que comprendiésemos nuestra historia y aceptáramos su don del arrepentimiento? "No tenemos nada que temer por el futuro, excepto que olvidemos la manera en la que el Señor nos ha conducido, y su enseñanza en nuestra historia pasada" (*Life Sketches*, 196). Naturalmente, se deduce que tenemos todo que temer si olvidamos nuestro pasado y desoímos "su enseñanza en nuestra historia pasada".

Es animador recordar que Jesús prometió: "Conoceréis la verdad, y la verdad os hará libres" (Juan 8:32). A medida que nos aproximamos al final del tiempo, saldrá a la luz más y más verdad, ya que Jesús dijo: "Toda potestad me es dada en el cielo y en la tierra". Todo aquel que busque la verdad, puede hallar consuelo en su promesa de que al pedirle pan no nos dará una piedra.

En especial relación con el mensaje conmovedor de 1888, un número creciente de adventistas del séptimo día en muchos países están descubriendo hoy que se trata verdaderamente de lo que Ellen White describió como un "preciosísimo" mensaje. Vibran con las buenas nuevas que contiene. Ese conocimiento ha renovado su confianza en la conducción del Señor y en el triunfo final de su obra. Ven la conducción del Señor en la historia de nuestra iglesia y se animan en la confianza de que él llevará a buen puerto la embarcación del pueblo de Dios. No son pocos los que dan testimonio de que este mensaje les ha salvado de abandonar la iglesia sumidos en el desánimo.

El mensaje de 1888 es, sobre todo, gloriosas buenas nuevas de salvación solamente por fe, un mensaje de liberación del poder controlador del pecado, un mensaje de esperanza espiritual. Es una mejor comprensión del "evangelio eterno" en su relación con la purificación del santuario. Se trata de una verdad que nos ha sido confiada a los adventistas. "Es el mensaje que Dios ordenó que fuera dado al mundo" (*Testimonios para los ministros*, 92).

¿Podrán los poderes de las tinieblas impedir que ese mensaje llegue hasta lo último de la tierra, como el Señor ordenó que sucediera? La respuesta es NO. Sin embargo, hay interrogantes, perplejidades y objeciones que asaltan a las almas sinceras. A ellos dedicamos este volumen.

Capítulo 1

Cuestiones sobre el mensaje de 1888

¿Por qué es tan importante el evangelio?

Una verdadera comprensión del evangelio es precisamente lo que necesita desesperadamente este mundo maldito por el pecado. A pesar de la pretensión de la cristiandad de haber proclamado el evangelio durante dos mil años, la agonía y el mal en el mundo parecen ir de mal en peor. Millones que creerían en Dios, se sienten forzados a dudar que exista, o de que se preocupe por ellos. ¿Podría eso significar que el evangelio no ha sido todavía predicado en su pureza?

Por sorprendente que parezca, hay más de un evangelio: (a) la pura verdad que predicaron Pablo y los apóstoles: "la gracia de Cristo", y; (b) la falsificación del evangelio a la que Pablo llama "otro evangelio". "No que haya otro", sino que se trata en realidad de una perversión del "evangelio de Cristo". De acuerdo con las graves palabras de Pablo, cualquier otro evangelio diferente al de Cristo, debe ser "condenado" (Gál 1:6-9).

La razón por la que el enemigo de Cristo se especializa en pervertir el evangelio, es porque sabe que el verdadero evangelio "es poder de Dios para salvación" del alma (Rom 1:16), lo mismo que el buen alimento lo es a la salud del cuerpo. Ahora bien, una pequeña dosis de arsénico mezclada en él, resultaría letal. En el juicio final verán todos que la continua agonía del mundo fue el resultado directo de la perversión del evangelio que "Babilonia" ha proporcionado a los hombres (Apoc 18:24).

¿Tenemos los adventistas algo especial que hacer en la recuperación de ese evangelio en su pureza?

Muchos hemos asumido superficialmente que las iglesias evangélicas populares están proclamando el evangelio al mundo, y que nuestro cometido especial es predicar la ley. La suposición implica que si añadimos a su "evangelio" nuestra singular comprensión de los diez mandamientos —incluyendo el sábado—, obtenemos el "mensaje del tercer ángel". En otras palabras: la Iglesia Adventista no es más que una iglesia más entre muchas otras, sin otra especial contribución que aportar una lista de cosas que las personas deben aprender a hacer si desean ser salvas.

Pero la verdad es que el Señor nos ha dado un mensaje especial de buenas nuevas que las personas tienen que aprender a creer. El Señor no suscitó jamás a los adventistas para que predicásemos el legalismo al mundo. Nuestra comisión específica es recuperar y proclamar justamente las buenas nuevas que son ya "la salvación de Dios" (Luc 3:6), y que preparan a un pueblo para la segunda venida de Cristo. De hecho, el mensaje de los tres ángeles de Apocalipsis 14:6-12 es en un sentido singular "el evangelio eterno" para los últimos días. Ha de tratarse de las mejores nuevas que el mundo haya oído jamás.

¿Cómo encaja el mensaje de 1888 en nuestra obra especial?

"En su gran misericordia el Señor" envió ese mensaje, "el comienzo" del fuerte pregón descrito en Apocalipsis 18:1–4 (*Testimonios para los ministros*, 91-93; *Review and Herald*, 22 noviembre 1892). Ellen White lo reconoció frecuentemente en su verdadera identidad (ver Carta B2A, 1892; MS 15, 1888, etc). Ella nunca dijo que consistiese en enfatizar lo que los pioneros habían sostenido, ni tampoco lo que enseñan las iglesias protestantes evangélicas.

Identificó asimismo el mensaje de 1888 con "aguaceros celestiales de la lluvia tardía" (*Special Testimonies for Ministers and Workers*, serie A, n° 6, 19). Con anterioridad había declarado que la lluvia tardía vendría, o bien como preparación para el fuerte pregón, o bien simultáneamente con él (*Primeros Escritos*, 271; MS 15, 1888). Jamás identificó ningún otro mensaje, en ninguna otra ocasión, con la lluvia tardía. No habría podido decir que el fuerte pregón comenzase con el mensaje de 1888 a menos que la lluvia tardía lo hubiese acompañado.

La lluvia tardía y el fuerte pregón representan hoy para la iglesia lo que el nacimiento del Mesías en Belén representó para los judíos. Durante décadas hemos estado orando al Señor para que nos conceda ese don de la lluvia tardía, de la misma forma en que los judíos oraban por la llegada del Mesías. Habían de encontrar en él el cumplimiento de su destino. Sin embargo, "no lo recibieron" (Juan 1:11). De igual forma, nuestra iglesia espera el cumplimiento de su destino en esa lluvia tardía y fuerte pregón que comenzaron hace ya más de cien años.

¿Qué se entiende por "fuerte pregón" y "lluvia tardía"?

Los tres ángeles de Apocalipsis 14:6-12 proclaman un mensaje mundial, pero el original griego da la idea de que su "volar por en medio del cielo" consiste en algo parecido al vuelo de un helicóptero sobre las copas de los árboles. Los 150 años de historia pasada indican al observador sincero que el mensaje ha gozado hasta aquí de una difusión mundial muy limitada.

Pero el cuarto ángel de Apocalipsis 18 desciende "teniendo grande potencia; y la tierra fue ALUMBRADA POR SU GLORIA". Ese ángel irrumpe como una gran nave espacial, cuya luz envuelve a toda la tierra. Clama "con fortaleza en alta voz". Aquí tenemos, por fin, anunciada la difusión masiva y final del mensaje.

Puesto que Dios es amor, y dado que es imparcial, el mensaje de sus buenas nuevas debe extenderse a todo lugar antes que Cristo pueda regresar. Un mensajero inspirado nos dice que "la marca de la bestia será presentada de alguna manera a cada institución y a cada persona ..." (*Mensajes Selectos*, vol. III, 451). De acuerdo con el carácter justo de Dios, todos deben tener igual oportunidad de oír el mensaje de advertencia.

La "lluvia tardía" es el derramamiento final del Espíritu Santo. Investirá de poder al pueblo de Dios para que le sea testigo en el conflicto final. Aunque la "lluvia temprana" de Pentecostés fue gloriosa, se nos asegura que el derramamiento final del Espíritu Santo tendrá proporciones aún mayores.

¿Cuál es el tema más importante del mensaje de 1888?

Consiste primariamente en una "revelación de la justicia de Cristo, el Redentor que perdona los pecados" (*Review and Herald*, 22 noviembre 1892). "Presentaba la justificación por la fe en el Garante ... la justicia de Cristo" (*Testimonios para los ministros*, 91-92).

Al leer los cientos de declaraciones de apoyo de Ellen White al mensaje, desde 1888 hasta 1896 (ver Apéndice), uno se siente impresionado por la sobrecogedora convicción de que fue "el comienzo" de la revelación final del evangelio de la justicia por la fe. Había de ser más claro y poderoso de lo que nuestro pueblo (y el mundo) hubiese oído con anterioridad, al menos desde los días de Pablo.

En efecto, una de las declaraciones va tan lejos como para afirmar que fue el comienzo de una luz que no se había comprendido desde los días de Pablo, es decir, desde Pentecostés (*Fundamentals of Christian Education*, 473; *Review and Herald*, 3 junio 1890). En otras palabras: hasta el mismo

Pablo habría tenido cosas que aprender del "mensaje del tercer ángel en verdad".

Hubo otros aspectos derivados del mensaje, tales como la reforma pro-salud, la reforma en la educación y en la organización, etc. Pero lo que alegró repetidamente el corazón de Ellen White fue la gracia sobreabundante de la justicia por la fe. Es fácilmente reconocible el entusiasmo que traducen los cientos de declaraciones de apoyo, en relación con ese aspecto capital del mensaje.

¿Fue el mensaje de 1888 una mera enfatización de la predicación de Lutero, Calvino, Wesley, o de los evangelistas populares del siglo XIX, tales como Dwight L. Moody y Charles Spurgeon?

El estudio del contenido real del mensaje revela diferencias muy marcadas con el de los reformadores protestantes del siglo XVI y el de los evangélicos del XIX, o los de nuestros días.

Ellen White reconoció tales diferencias. Dijo que el mensaje de la justificación por la fe presentado en 1888 era "el mensaje del tercer ángel en verdad" (*Review and Herald*, 1 abril 1890). Eso representa un problema para algunos -entre nosotros-, puesto que es una idea muy extendida el que no hay más que un tipo de justificación por la fe, que es la que enseñan los evangélicos.

Pero una sola pregunta desenmascara el problema: ¿Proclamaron Lutero, Calvino, Wesley y los guardadores del domingo de aquellos días "el mensaje del tercer ángel en verdad"? Si la respuesta es afirmativa, entonces carecemos de fundamento denominacional y no hay razón para la existencia de nuestra iglesia. De forma lógica, la postura generalizada de la "enfatización" así lo pretende, y ha propiciado la confusión que ha llevado a pastores y laicos a abandonar la iglesia. Si los evangélicos predican el verdadero evangelio de la justicia por la fe, ¿por qué no juntarse con ellos?

Hasta donde conocemos, Ellen White no describió jamás el mensaje como una enfatización del evangelio enseñado ya anteriormente. De hecho, afirmó que era "la primera vez que oía de labios humanos la presentación clara de ese tema" que ella hubiese jamás escuchado en una predicación pública (MS 5, 1889; *The Ellen G. White 1888 Materials*, 348).

Sin duda había ciertos aspectos menores del mensaje que otros habían proclamado con anterioridad; pero ella reconoció una perspectiva nueva y distinta que nunca antes se había visto claramente. Como una imagen que se enfoca con mayor nitidez, "grandes verdades que habían permanecido sin ser vistas ni oídas desde el día de Pentecostés, brillaron a partir de la Palabra de Dios en su pureza original" (*Fundamentals of Christian Education*, 473). Esa es la razón por la que identificó el mensaje como "el comienzo" de la lluvia tardía y el fuerte pregón, luz que no había alumbrado hasta entonces la tierra con su gloria.

Si aceptamos el mensaje de la justificación por la fe de las iglesias populares guardadoras del domingo ("cristianismo evangélico"),¿no bastará eso, como sustituto del mensaje de 1888?

Dado que el mensaje de 1888 es "el mensaje del tercer ángel en verdad", es evidente la imposibilidad de que los conceptos evangélicos puedan sustituirlo, ya que las iglesias populares guardadoras del domingo no están proclamando el mensaje del sello de Dios y la marca de la bestia, sino la falsificación del mismo. De hecho, el mensaje de la genuina justificación por la fe dado en 1888, "se manifiesta en la obediencia a todos los mandamientos de Dios" (*Testimonios para los ministros*, 92). ¡Eso debe incluir la observancia del cuarto mandamiento! Sin embargo, las iglesias evangélicas se han opuesto categóricamente a las verdades del sábado y del santuario durante toda la existencia de la Iglesia Adventista. Es evidente que algo no encaja.

Hay verdades fundamentales de la expiación, la cruz, el significado del amor y la fe genuinos, la motivación a la obediencia, que en la "justificación por la fe" de los evangélicos están, o bien ausentes, o seriamente distorsionadas. Las mentes más capaces y profundas entre los evangélicos, están actualmente ocupadas en el estudio del problema real de la expiación. ¿Por qué han pasado 2000 años de historia desde que tuvo lugar el gran acontecimiento de la cruz, que según la comprensión de ellos significaba la demostración y victoria final? Fuera de la predeterminación calvinista, son incapaces de dar respuesta al interrogante planteado por la prolongada demora.

El antiguo Israel fue tentado y seducido continuamente por las falsas doctrinas de sus vecinos. Aquellas ideas paganas eran aparentemente similares. Una de ellas consistía en la adoración a Baal. Si el Señor ha confiado el mensaje del tercer ángel a los Adventistas del Séptimo Día, hemos de esperar que haya tentaciones similares a confundirlo con una falsificación del mismo. De alguna forma tiene que emerger una verdad más clara a partir de la cruz de Cristo, de la que presentan las iglesias guardadoras del domingo.

Hemos estado oyendo predicaciones sobre la justificación por la fe en nuestras iglesias, congresos y asambleas. ¿En qué difiere el mensaje de 1888 de lo que hemos estado ya oyendo en todos estos años pasados?

Hay en él muchas verdades maravillosas y frescas que en general no son hoy comprendidas. Por ejemplo:

(1) *La revelación de la proximidad del Salvador.* Es a lo que Ellen White se refirió como "el mensaje de la justicia de Cristo". "Justicia" no es lo mismo que "santidad". En Lucas 1:35 leemos que él sería "lo santo que nacerá". Pero a medida que creció como hombre y llegó finalmente hasta la cruz, desarrolló un carácter "justo". La santidad denota el carácter de alguien que es santo en una naturaleza *impecable*. Así, leemos acerca de "ángeles santos", no acerca de "ángeles justos".[1]

La justicia denota el carácter de aquel que, habiendo tomado la naturaleza humana pecaminosa, ha resistido y vencido al pecado. Así, la frase "Cristo nuestra justicia", significa que Cristo "venció" y "condenó" al pecado en la misma naturaleza caída y pecaminosa que nosotros tenemos. Vino tan cerca de nosotros hace 2000 años, y por siempre a partir de entonces, que "condenó al pecado en la carne" (Apoc 3:21; Rom 8:3). Dado que el Padre y el Hijo son uno, y que el Padre estaba en Cristo en su encarnación, se presenta también al Padre como "justo" (2 Cor 5:18-19).

Cristo ha hecho del pecado algo obsoleto. No hay ya más excusa para él. Se hizo en verdad uno de nosotros, Dios al cien por cien, y también hombre al cien por cien. "Tomó sobre su naturaleza sin pecado nuestra naturaleza pecaminosa" (*El ministerio médico*, 238), por consiguiente, puede salvarnos a cada uno de nosotros de nuestros pecados, no en ellos. Él conoce nuestras tentaciones, dado que fue "tentado en todo según nuestra semejanza, pero sin pecado" (Heb 4:15).

Esas buenas nuevas conmueven el corazón humano. Ahí radica la verdad que explica los 2000 años transcurridos sin que haya venido Cristo, algo que las iglesias populares no pueden explicar.

---

1. En la condición de su naturaleza anterior a la caída tampoco solemos referirnos a Adán y Eva como "justos", sino como "santos". "Qué es la justicia de Dios? Es la santidad de Dios en relación con el pecado" (MS 145, 1897, en *EGW Comentario Bíblico Adventista*, vol. IX, 963).

(2) *El ministerio de Cristo en el santuario, en la expiación final*. Aquí es donde la verdad sobre la naturaleza de Cristo brilla en su esplendor y trasciende a la estéril argumentación teológica. El libro de Apocalipsis nos muestra un pueblo que por fin constituye "las primicias" del sacrificio de Cristo y que está "sin mácula" ante su trono (14:5-12). La clave de su victoria radica en vencer como él venció (3:21).

Brilla aquí por sí misma la verdad de la naturaleza de Cristo. Su ministerio sumosacerdotal en el lugar santísimo del santuario celestial, desde 1844, es una gran verdad que ha de alumbrar todavía la tierra con su gloria, y concentrar la atención sobre los temas de la conclusión del gran conflicto (*El Evangelismo*, 165-166). La identidad de nuestra Iglesia Adventista depende del fundamento de esa verdad del santuario. Sin embargo, es tristemente conocida su virtual desaparición de las predicaciones en nuestros días. Y nuestros hermanos evangélicos no enseñan nada que se parezca a ese ministerio del Día de la Expiación.

(3) *El mensaje de 1888 une la justificación por la fe con esa obra especial de la expiación final*. Es por ello que Ellen White vio en él de forma singular y única "el mensaje del tercer ángel en verdad". Se alegró al reconocer la tan esperada conexión entre ambos.

En los primeros meses de 1890 escribió una serie de artículos en *Review and Herald*, que demostraron la forma en la que este mensaje es la esencia de la verdad de la purificación del santuario (desde el 21 de enero hasta el 3 de junio).

(4) *El mensaje no consiste en una orden severa de "preparaos, o de lo contrario …", sino en gloriosas buenas nuevas de cómo prepararse*. Transforma los imperativos adventistas en habilitaciones evangélicas. Revela al Salvador como al divino Médico del alma, que está "cercano, a la mano" (*Mensajes selectos* vol. III, 205), el Sanador de toda herida causada por el pecado en la mente del hombre. Es el gran Originador de todo bálsamo sanador, el Diseñador del único programa eficaz para afrontar la desesperada necesidad de los adictos a cualquier cosa, desde el alcohólico, hasta el comprador compulsivo. Es también la única esperanza para la adicción de los santos de Laodicea a la tibieza mundanal.

Era la intención del cielo que los adictos de la clase que fuese hallaran salvación "entre el remanente" (Joel 2:32), más bien que entre los programas del mundo. Los Adventistas del Séptimo Día fuimos llamados a ser los "principales" en exaltar al auténtico Salvador que fue tentado en todas las cosas, tal como es tentado todo adicto sobre la tierra, pero sin pecado. Es así como puede salvar hasta lo sumo a los que por él se allegan a Dios.

(5) *La seguridad de la salvación es algo que deriva de la verdad de la justificación por la fe presentada en 1888.* El calvinismo afirma que Cristo murió solamente por los elegidos. El arminianismo protesta, y señala que murió por "todos los hombres", pero a la vez especifica que hizo solamente algo "provisional", y así, es posible (sólo posible) que "todos los hombres" sean justificados *si* toman la iniciativa de hacer bien cierta cosa. Si el pecador no aprovecha el ofrecimiento, entonces la muerte de Cristo no ha significado ni significará ningún bien para él. Tal es la idea general que ha venido sosteniendo nuestro pueblo.

Los mensajeros de 1888 vieron que la cruz significó mucho más que una mera provisión, en espera de la iniciativa del pecador. ¡Cristo hizo algo por cada ser humano! "Todos los hombres" deben *su vida actual* al sacrificio de Cristo. La salvación del hombre depende de la iniciativa de Dios, y la condenación depende de la iniciativa del hombre. Cuando el pecador oye las buenas nuevas y las cree, responde a la iniciativa de Dios y *experimenta* así la justificación por la fe.

Aquí es donde el concepto de 1888 de la justificación por la fe pone en evidencia un tipo sutil de legalismo no reconocido anteriormente. En la pura justificación por la fe que presenta el Nuevo Testamento, "la jactancia … es excluida" (Rom 3:27), pero según el punto de vista popular, el factor clave es la iniciativa del pecador. Puede decir: [*yo*] he aprovechado el ofrecimiento, [*yo*] he aceptado la provisión, [*yo*] he hecho la decisión que me llevará al cielo. El sacrificio de Cristo no me hizo ningún bien, hasta que [yo] tomé alguna determinación al respecto. Así, subyace un pensamiento egocéntrico, y un residuo de legalismo subliminal.

Esa idea conlleva una trágica carencia, la de reconocer que Cristo gustó realmente la muerte segunda "por todos", e hizo propiciación por los pecados "de todo el mundo" (Heb 2:9; 1 Juan 2:2). Los pecados de "todos los hombres" le fueron legalmente imputados en su muerte, de forma que -con excepción del propio Cristo- nadie hasta ahora ha tenido que soportar la plena carga de su culpabilidad (Rom 5:16-18; 2 Cor 5:19).

El resultado es que "todos los hombres" viven porque él murió por ellos, sea que crean o no (2 Cor 5:14-15). La cruz del calvario está "estampada" *en cada pan*. Eso significa que tanto santos como pecadores comen su alimento diario siendo nutridos por el sacrificio de Cristo (*El Deseado*, 615). Él "sacó a la luz la vida y la inmortalidad por medio del evangelio" (2 Tim 1:10). La vida, a "todos los hombres". La inmortalidad—además—, a los que creen.

Puesto que todos los hombres viven debido a que sus transgresiones le fueron imputadas a Aquel que murió en su lugar, es correcto decir que tuvo lugar una justificación de tipo legal en favor de todos los hombres (algunos prefieren llamarle "justificación corporativa" o "justificación temporal universal": son términos que se refieren a la misma verdad). Puesto que "todos los hombres" están bajo "condenación" legal "en Adán" por nacimiento, Cristo viene a ser hecho el "postrer Adán", en quien toda la raza humana es legalmente absuelta (1 Cor 15:22; Rom 5:16-18). Tal es el concepto neotestamentario de la expresión "en Cristo".

Eso no significa que "todos los hombres" serán salvos en contra de su voluntad. Es posible despreciar y rechazar el don que Cristo ha dado a "todos los hombres". Él no va a forzar a nadie. Pero los mensajeros de 1888 explicaron que cuando el pecador oye y cree esas buenas nuevas, su experiencia de la justificación *por la fe* le hace entonces "obediente a todos los mandamientos de Dios", incluyendo el sábado del cuarto mandamiento. Tal es el único resultado posible, cuando un pecador se aferra de la justicia de Cristo mediante una fe inteligente, informada. No es maravilla que Ellen White se alegrase tanto al oír el mensaje por primera vez.

Así, el mensaje de 1888 reconoce la parte de verdad que hay en el calvinismo y en el arminianismo, pero va más allá que ninguno de ellos. Como bien discierne el calvinismo, la salvación del pecador se debe enteramente a la iniciativa de Dios. De acuerdo con el arminianismo, todos los hombres tienen igual *posibilidad* de salvación. Pero lo que ninguno de los dos discierne es que Cristo llevó los pecados de "todos los hombres", y murió la segunda muerte por "todos los hombres". Tomó la iniciativa de salvar a todos los hombres. La única razón por la que un pecador pueda perderse es porque tome la iniciativa de *despreciar y rechazar* la justificación que se le ha dado ya, y que se ha puesto en sus manos (Juan 3:16-19; 12:48).

Así, el mensaje de 1888 ve el pecado en una luz mucho más seria de lo que es común entre muchos adventistas: no es un pasivo "no hacer nada". El pecado es tan terrible que significa la resistencia y rechazo continuo de la gracia salvífica de Dios. El pecador no se da cuenta de lo que está haciendo, y necesita que se le haga tomar conciencia de ello. Es en esa luz como puede apreciarse el arrepentimiento en sus verdaderas dimensiones.

(6) *El Espíritu Santo es mucho más poderoso de lo que habíamos imaginado*. Cuando uno comprende y cree lo buenas que son las buenas nuevas, se da cuenta de que es fácil ser salvo, y difícil perderse.

La salvación no depende de que busquemos y hallemos a Dios (que es el elemento común a toda religión pagana en el mundo), sino de que creamos que él nos está buscando y nos ha encontrado. El Espíritu Santo es más fuerte que la carne (Gál 5:16-17), y la gracia sobreabundó mucho más de lo que pueda abundar el pecado (Rom 5:20).

(7) *En otras palabras, el mensaje de 1888 eleva el amor de Dios como Salvador muy por encima de la categoría de algo meramente provisional.* No lo presenta ante el pecador como una oferta casual de 'lo tomas o lo dejas; si no aprovechas la oportunidad, tanto peor para ti', no. Cristo se presenta como el Buen Pastor que está buscando activamente a cada oveja perdida "hasta que la encuentra" (Luc 15:4). Es preciso hacer oír al pecador tan buenas nuevas como esas.

En los conceptos bíblicos del mensaje de 1888 el amor de Dios queda inmensamente clarificado. El único resultado posible es el reemplazo de las obras muertas por un ferviente compromiso de fe, una devoción que no conoce límites. La tibieza resulta imposible para aquel que comprende y cree el evangelio en su pureza.

(8) *La verdad sobre los dos pactos, con su poder para cambiar los corazones.* Ese concepto singular de 1888 no es bien comprendido hoy en la iglesia, ni entre los cristianos evangélicos. A Ellen White se le mostró que el Señor había dado a los mensajeros de 1888 la correcta comprensión sobre los dos pactos.[2]

De nuevo, no se trata de un puzzle teológico, sino de piedad práctica. Pablo dice que una incorrecta comprensión de los pactos, engendra "servidumbre" (Gál 4:24). Sin darnos cuenta, hemos instruido en el antiguo pacto a nuestros jóvenes y niños durante décadas. El resultado ha sido la pérdida espiritual de muchos de ellos. Al comparar la posición del mensaje de 1888 sobre los dos pactos, con la posición generalmente sostenida entre nosotros, no debería sorprendernos que el 70% de nuestros jóvenes tenga una comprensión deficiente del evangelio (según la encuesta Valuegenesis), y que perdamos tantos de ellos.

Lo mismo que sucede con una comprensión errónea de la justificación, la posición más extendida sobre los dos pactos (opuesta a la presentada en

---

2. "Anteanoche se me mostró que las evidencias con respecto a los pactos eran claras y convincentes. Usted, el hermano Dan Jones, el hermano Porter y otros están gastando sus poderes de investigación en nada para producir una posición sobre los convenios que varíe de la posición que el hermano Waggoner ha presentado" (*The Ellen G. White 1888 Materials*, 604).

1888) abre la puerta a un tipo de motivación egocéntrica que es la esencia del legalismo. No somos salvos haciendo promesas a Dios, sino creyendo las promesas que él nos hace a nosotros. El redescubrimiento de la idea de 1888 sobre los dos pactos fue la chispa que encendió el reavivamiento actual del interés por este mensaje.

(9) *La motivación correcta para servir a Cristo constituye la dinámica de la auténtica justificación por la fe.* La justificación legal fue efectuada en la cruz por "todos los hombres": es algo objetivo. Motiva al creyente a una completa devoción a Cristo, permitiendo así que experimente la justificación por la fe, que es algo subjetivo. La motivación centrada en el yo conlleva legalismo. Estar "bajo la gracia" es reconocer la motivación superior impuesta por una apreciación sincera y ferviente de la gracia de Cristo. Eso libra de la motivación inferior consistente en el temor al castigo o el afán de recompensa (Rom 6:14-15; Heb 2:15; *El Deseado*, 446).

Si bien es cierto que el mensaje de 1888 constituye gloriosas buenas nuevas para los que aprecian la cruz de Cristo, abre la posibilidad de muy malas nuevas para aquellos que prefieren seguir inconscientes de su verdadera condición espiritual. Estar "bajo la ley" es lo opuesto a estar "bajo la gracia". Es por ello que el legalismo es la verdadera esencia de toda motivación impuesta por el miedo a perderse o por el deseo de recompensa. Pero hay un remedio: "En el perfecto amor [agape] no hay temor" (1 Juan 4:18).

Por contraste, la preocupación superficial por nuestra "seguridad de ser salvos" queda en evidencia como algo pueril. El concepto de la gracia de 1888 hace posible la liberación de esa profunda raíz de egoísmo. Capacita al creyente para que comparta una estrecha proximidad con Cristo, para que venga a ser incorporado en él, estando su *ego* "con Cristo … juntamente crucificado". Pablo se refiere frecuentemente a los creyentes como estando en Cristo. "Hemos sido unidos con él en una muerte semejante a la suya" (Rom 6:5).

Todo cuanto deje de alcanzar ese ideal constituye un tipo inmaduro de justificación por la fe, apropiado solamente para esa niña que en los casamientos se encarga de llevar el ramo de flores de la novia (mientras piensa en el helado o el pastel nupcial). La verdadera novia tiene una motivación superior: el honor y la vindicación de su Esposo, ya que finalmente se ha "unido" o identificado con él.

(10) *Por lo tanto, la noción de 1888 de la "perfección" no se relaciona con un anhelo de seguridad motivado por el temor, sino con una preocupación centrada en Cristo, en el sentido de cooperar en que él reciba su recompensa.* La victoria [sobre el pecado] deja entonces de estar confinada al nivel de la elucubración teológica, un campo susceptible de forzar las palabras de Ellen White hasta terminar en la contradicción.

La verdadera motivación que da el estar "bajo la gracia" sería imposible para el ser humano pecaminoso, de no ser por la revelación del sacrificio de Cristo. Pero el "gloriarse en la cruz" es una experiencia al alcance de todo pecador que la contemple y acepte. ¡Habrá un pueblo preparado para la venida de Cristo!

¿Podemos reclamar para Jones y Waggoner la "inspiración verbal" o pretender la perfecta exactitud de cada una de sus palabras?

No, ni tampoco lo podemos hacer con las palabras de la Biblia o de los escritos del Espíritu de Profecía. El valor de un mensaje radica en la luz que contiene, en los conceptos que iluminan las verdades del evangelio eterno al que tanto se ha perdido de vista. Nadie pretende reclamar para Jones o Waggoner lo que la misma Ellen White jamás reclamó para sí. Ella afirmó que eran "mensajeros delegados del Señor", y que tenían "credenciales del cielo" (ver Apéndice).

El mensaje dado por Jones y Waggoner, tal como se lo encuentra en sus libros y artículos, contiene sus propias credenciales. Conmueve hoy a las almas, porque sus conceptos básicos son tan diferentes y refrescantes, que siguen siendo "nueva luz". Y no obstante, fueron solamente "el comienzo" del "fuerte pregón" que ha de extenderse finalmente a todo lugar.

Hoy necesitamos provisión fresca del "pan de vida". Necesitamos recordar que cuando Jesús alimentó a los cinco mil, dijo a sus discípulos: "Recoged los pedazos que sobraron, para que no se pierda nada" (Juan 6:12). Puesto que fue el Señor quien "envió" el mensaje de 1888, debemos recoger cada "pedazo" que su providencia nos ha concedido, "para que no se pierda nada". Con seguridad es ya tiempo de que el pueblo de Dios en todo el mundo reflexione seriamente. ¿No es irreverente que pidamos al Señor nueva luz, mientras que criticamos y rechazamos la que él nos ha enviado ya con anterioridad?

El mensaje de 1888 fue dirigido a una cultura diferente de la nuestra en la actualidad. ¿Cómo puede ese mensaje de un siglo de antigüedad satisfacer las necesidades de un mundo secularizado que ha dejado de creer en Dios y en la Biblia?

El hombre moderno se ha confinado en un refugio subterráneo con muros seculares de dos metros de espesor. Pero el Espíritu Santo tiene un misil capaz de penetrar esas paredes: el mensaje de amor agape que emana de la cruz de Cristo.

Eso no significa que otros aspectos del mensaje adventista hayan perdido validez. Sigue siendo cierto que la reforma pro-salud es "el brazo derecho del mensaje", y que contribuye a deshacer prejuicios. El calor de la hermandad en la iglesia es necesario para aliviar las necesidades sociales de la gente. La educación que la iglesia desarrolla, provee—al menos en considerable medida—un refugio para los niños y adolescentes. Nuestras 28 creencias fundamentales aportan cohesión a nuestra filosofía religiosa. *Pero persuadir al moderno hombre secularizado a que se adhiera a nuestro club no es lo mismo que alumbrar la tierra con la gloria del evangelio.* Es posible que en nuestro "club" prevalezca aún la misma orientación hacia el *ego* que fuera de él.

Lo que hace falta son *buenas nuevas* que iluminen un mundo entenebrecido por una comprensión equivocada de Dios, y reconciliar con él los corazones enemistados y secularizados.

Se trata de una comprensión del amor de Dios que trasciende los conceptos de la moderna Babilonia. "El mensaje del tercer ángel en verdad" que se nos dio en 1888 es el "comienzo" de ese mensaje. Es en esencia la revelación de un amor que va más allá de la comprensión habitual. Nada que sea menor que la revelación de la plena "anchura, la longitud, la profundidad y la altura" de ese amor, puede bastar. El "fuerte pregón" no va a ser un aterrador llamamiento que induzca al miedo, sino "una revelación de su carácter de amor" (*Palabras de vida del gran Maestro*, 342).

Si aclaramos la noción del *agape* a un ateo evolucionista, pongamos por ejemplo, y le preguntamos dónde hubiese podido originarse una idea tan radical, habrá de reconocer que solamente puede proceder de cierta cruz en una colina solitaria conocida como el Calvario.

"El incomparable amor de Cristo, mediante la agencia del Espíritu Santo, traerá convicción y conversión al corazón endurecido" (*Cristo nuestra justicia*, 61). Afirma Ellen White en una declaración desconocida hasta hace pocos años: "Durante años he visto que hay un eslabón roto que nos ha impedido ganar los corazones, ese eslabón se restaura al presentar el amor y la gracia de Dios" (*Remarks to Presidents*, 3 marzo 1891; Archivos de la Asociación General).

Nadie puede exaltar la cruz como nosotros, los adventistas, si humillamos nuestros corazones para recibir la luz que el Señor nos envió. Eso es así porque ningún otro pueblo puede comprender, tanto la naturaleza del hombre como la de Cristo, según la comprensión que el Señor tuvo a bien otorgarnos.

El hombre secularizado que vive en este último período de la era cristiana necesita el mismo mensaje que el Señor envió a los paganos en el primer siglo: Cristo y éste crucificado. Los apóstoles hablaban el lenguaje de sus días, nosotros hablaremos el de los nuestros. Pero la proclamación de esa misma Cruz sigue desafiando el pensamiento del hombre moderno y penetra las defensas en las que ha blindado su corazón mundano.

El "adventismo histórico" genera temor al juicio investigador. ¿Provee el mensaje de 1888 una solución a ese problema?

Es cierto que un temor tal ha ensombrecido la iglesia por décadas. Roger L. Dudley recoge esa idea recurrente entre jóvenes estudiantes (*Why Teenagers Reject Religion*, Review and Herald 1978, 9-21). Marvin Mooore, en *The Refiner's Fire* (Pacific Press, 1990) reconoce lo generalizado del problema y busca sinceramente una solución.

El apóstol Juan afirma que allí donde hay temor, hay carencia de agape, ya que "el perfecto amor echa fuera al temor" (1 Juan 4:18). Habría sido imposible que ese temor sobrecogiera a nuestros jóvenes en la década de los noventa, si hubiésemos aceptado el "preciosísimo mensaje" en la era de 1888 y a partir de entonces. Ese tipo especial de amor, el agape, es la idea básica del mensaje.

La solución al problema del temor es revelar al verdadero Cristo que vino "en semejanza de carne de pecado, y a causa del pecado, condenó al pecado en la carne". La verdad liberadora se nos presenta en estos términos: "Por cuanto los hijos participaron de carne y sangre, él también participó de lo mismo, para destruir por la muerte al que tenía el imperio de la muerte, es a saber, al diablo, y librar a los que por el temor de la muerte estaban por toda la vida sujetos a servidumbre" (Heb 2:14-15).

¿Cómo hace el mensaje para librar de ese temor?

En todas sus facetas, está centrado en la realidad de cuanto sucedió en la cruz. Esa "revelación" fue algo así como los rayos del sol apreciados a través de una lupa: el inicio de una combustión que habría de barrer de los corazones humanos el temor.

Una contribución singular del adventismo al mensaje de la cruz es que Cristo murió el equivalente a la muerte definitiva o segunda, muerte en la que renunció a toda esperanza de resurrección (*El Deseado*, 701). Cuando los corazones humanos embargados por el temor ven al verdadero Cristo en esa "revelación" del *agape*, se identifican con él de tal manera que el yo queda "con Cristo … juntamente crucificado", y el creyente es injertado en él, como dice Pablo. La unión es tan estrecha como la de un marido con su esposa. "Haya, pues, en vosotros este sentir que hubo también en Cristo Jesús" (Fil 2:5). El creyente se hace uno con el Señor crucificado.

Al comprender la realidad de su descenso hasta las profundidades del infierno a fin de salvar nuestras almas, al ver cómo se enfrentó con esa completa aniquilación de toda esperanza, cómo escogió caer en las tinieblas eternas—la separación perpetua del rostro de su Padre—a fin de redimirnos a nosotros, esa unión con él comienza a expandir nuestro corazón encogido, de forma que podemos comenzar a comprender el precio que le costó salvarnos. Nunca podremos copiar su sacrificio, pero podemos *apreciarlo*. Miramos a la grandiosa cruz donde murió el Príncipe de gloria, y eso expulsa el temor de nuestro corazón.

La razón es simple: puesto que ningún temor puede superar al temor del "infierno" (perdición, destrucción, muerte), si ese temor resulta vencido al apreciar su sacrificio -mediante la identificación con él en su cruz- entonces todo temor de orden inferior se disipará también.

Por ejemplo: ¿cómo podría el ladrón penitente sobre la cruz ser atormentado de nuevo por el temor? Para toda otra persona que haya sido crucificada con Cristo se dará una liberación similar. No existe en todo el universo un temor que pueda sobrevivir a la unión sincera con Cristo en esa hora de su cruz. Sin embargo, hay que repetir una vez más que solamente a la luz del "mensaje del tercer ángel en verdad" es posible comprender las plenas dimensiones de ese sacrificio.

Tal fue el impacto del mensaje de 1888. Recuperó la gran motivación de Pablo: "El [*agape*] de Cristo nos apremia, habiendo llegado a esta conclusión: que si uno murió por todos, luego todos murieron" (2 Cor 5:14). ¿Cómo podría alguien que se sabe "muerto" volver a tener temor de alguna cosa? ¿Cómo podría alguien que ha pisado ya el "infierno" (al estar crucificado con Cristo) estar atemorizado de alguna otra cosa menor que el infierno?

Pero ¿no es acaso el miedo adventista al juicio investigador precisamente eso, el miedo al infierno?

Sí: desprovisto de la idea de 1888, está dominado por ese temor. Pero el "yo" crucificado con Cristo no significa el esfuerzo del humano torturándose a sí mismo en una agonizante crucifixión autoinfligida. Siempre es "con Cristo". El mensaje de la cruz constriñe a una vida de servicio libre de temor, "… para que los que viven, ya no vivan para sí, mas para aquel que murió y resucitó por ellos" (vers. 15).

Cuando Pablo dice "con Cristo estoy juntamente crucificado", no se está jactando de lo buen cristiano que es, como si él mismo se estuviese clavando a la cruz, crucificándose a sí mismo. Lo que está diciendo en realidad es:

> Al contemplar la excelsa cruz
> do el Rey de gloria sucumbió,
> lo que antes parecía luz,
> sin vacilar hoy dejo yo
> (Isaac Watts, himno nº 96)

Dice virtualmente: 'Mi "yo" orgulloso está crucificado con Cristo'. El yo no puede vivir y reinar más: el agape divino aniquiló el amor al yo. Y dado que el yo está ahora crucificado con él, el temor se ha esfumado, puesto que todo temor tiene su origen en el amor al yo.

El mensaje de 1888 enmarcó la doctrina del juicio investigador en su perspectiva correcta, introduciendo una motivación cristocéntrica, en lugar de la preocupación por nuestra propia salvación personal. Es por ello que Ellen White unió el mensaje de la justificación por la fe de 1888 con la verdad del juicio investigador en esa serie especial de artículos de la *Review and Herald*, en los primeros meses de 1890.

Pero hay una declaración de Ellen White que siempre me ha preocupado, en El Conflicto, 477-478. ¿Por qué escribió algo tan terrible?

Quizá no hayamos comprendido bien la cita. Dice así:

El profeta dice: '¿Pero quién es capaz de soportar el día de su advenimiento? ¿y quién podrá estar en pie cuando él apareciere? Porque será como el fuego del acrisolador, y como el jabón de los bataneros; pues que se sentará como acrisolador y purificador de la plata; y purificará a los hijos de Leví y los afinará como el oro y la plata, para que presenten a Jehová ofrenda en justicia' (Mal 3:2-3). Los que vivan en la tierra cuando cese la intercesión de Cristo en el santuario celestial deberán estar en pie en la presencia del Dios santo sin mediador. Sus vestiduras deberán estar sin mácula; sus caracteres, purificados de todo pecado por la sangre de la aspersión. Por la gracia de Dios y sus propios y diligentes esfuerzos deberán ser vencedores en la lucha con el mal. Mientras se prosigue el juicio investigador en el cielo, mientras que los pecados de los creyentes arrepentidos son quitados del santuario, debe llevarse a cabo una obra especial de purificación, de liberación del pecado, entre el pueblo de Dios en la tierra. Esta obra está presentada con mayor claridad en los mensajes del capítulo 14 del Apocalipsis.

Ese párrafo posiblemente haya causado temor entre muchos adventistas, por no haber discernido las buenas nuevas que contiene. En un esfuerzo por combatir ese miedo, algunos instructores y escritores han intentado eludir su auténtica implicación, rebajando la norma de lo que significa estar "sin mancha", o "purificados". Contradicen la declaración, sugiriendo que nuestro carácter no tiene por qué alcanzar esa norma. Según ellos, todo cuanto se necesita es la imputación legal de una justicia externa.

Se procura evadir el problema afirmando que el Cristo impecable tiene que continuar en su papel de sustitución, cubriéndonos así en nuestro continuo pecar. Según eso, tal mediación debe continuar después que "cese la intercesión de Cristo en el santuario celestial". Pero eso no constituye ciertamente una explicación válida del párrafo, sino una negación del texto, que dice exactamente lo opuesto.

El mensaje de 1888 fue "el comienzo" de la respuesta a ese problema:

(a) El sacrificio de Cristo en la cruz aseguró la justificación legal para "todos los hombres". Es entonces cuando fue hecho nuestro sustituto. Debido a que "el pecado de todos nosotros" le fue imputado a él, a "todos los hombres" les fueron legalmente imputadas las vestiduras inmaculadas [el carácter sin mancha] de Cristo. Todos los hombres han recibido su vida actual en virtud de la muerte de Cristo en el lugar de ellos. Por lo tanto, todos los hombres han sido "elegidos" para salvación.

Todo miedo a perderse es desterrado por una apreciación profunda y sincera de la obra de Cristo en la cruz. En las horas postreras de la historia de esta tierra, un pueblo comprenderá por fin lo que eso significa. Como sumo sacerdote, Cristo cumplirá todo aquello para lo cual murió, a fin de que sea algo real, no solamente por nosotros, sino también en nosotros, si no se lo impedimos.

(b) La declaración que consideramos especifica claramente que es Cristo quien "purificará a los hijos de Leví, y los afinará como el oro y la plata". Es "por la sangre de la aspersión" como han de ser purificados. La purificación del santuario no es la obra del hombre, sino la obra del Sumo Sacerdote. Se debe a su divina iniciativa. Su pueblo tiene ciertamente algo que hacer; *cooperar* con él, permitirle a él que obre (Fil 2:5; 3:15; Col 3:15, etc).

(c) La purificación del santuario es la "expiación final", el fruto de todo lo que Cristo cumplió en su cruz. Él es el "Salvador del mundo" (Juan 4:42; 1 Juan 4:14). No somos los salvadores de nadie, y aún menos de nosotros mismos.

Pero esa declaración dice que es por "sus propios y diligentes esfuerzos" por los que "deberán ser vencedores". Mi falta de "diligentes esfuerzos" es lo que me llena de temor.

La frase dice: "Por la gracia de Dios y sus propios y diligentes esfuerzos …" ¿Qué figura en primer lugar?

Está clara la idea de que el Sumo Sacerdote hará esa obra, *si no se lo impedimos.* Nuestros "propios y diligentes esfuerzos" son lo mismo que "el amor [*agape*] de Cristo nos constriñe" que motivaba a Pablo a vivir para Cristo y no para sí. "El amor de Cristo" imparte una nueva motivación "bajo la gracia" que sustituye a la motivación "bajo la ley" que el temor impone. Nuestros propios diligentes esfuerzos no son nunca la obra de nuestra propia iniciativa, sino siempre una respuesta a la iniciativa del Espíritu Santo, el Consolador que fue enviado para que estuviese con nosotros siempre.

El concepto de nuestras vestiduras "sin mancha" no debiera atemorizarnos más de lo que atemoriza a una novia lo inmaculado de su vestido de boda ante la mirada del esposo. Lo que la motiva es solamente su amor, aprecio y respeto hacia él, no su temor a que la rechace. La razón por la que Cristo envió el mensaje de 1888 fue el suscitar en su pueblo una preocupación por Cristo como la que caracteriza a una novia por su futuro esposo. Es una noción totalmente diferente a la habitual preocupación pueril por nuestra propia seguridad. En una unión tal "con Cristo", el *ego* cae en la insignificancia que en toda justicia le pertenece.

¿Cómo puede una "unión" tal purificarnos del pecado?

La liberación de la preocupación egocéntrica mediante la unión con Cristo purifica siempre de pecado. El fruto que habría dado el mensaje de 1888 de no haber sido resistido, habría sido el que expone Apocalipsis 19:7-8:

> Gocémonos, alegrémonos y démosle gloria; porque han llegado las bodas del Cordero y su esposa se ha preparado. Y a ella se le ha concedido vestirse de lino fino, limpio y resplandeciente; porque el lino fino es las acciones justas de los santos.

Ahí encontramos los vestidos "sin mancha". Es la "sangre" la que obró la purificación, ya que el Esposo resulta ser el Cordero que fue inmolado.

> Ninguno de los redimidos imaginó jamás
> las insondables profundidades en que se sumergió
> ni la tenebrosa que noche por la que el Señor pasó
> hasta encontrar a su oveja perdida

Pero finalmente hay un pueblo que aprendió a apreciar cuán profundas fueron esas aguas en las que se sumergió, y cuán densas las tinieblas de ese valle de sombra de muerte que el Cordero conoció. "La sangre de la aspersión" es el elemento clave en el—tan a menudo—temido juicio investigador. Cuán trágico es que su futura esposa se haya estado resistiendo durante más de un siglo, oponiéndose al Señor en esa "obra" descrita por Ellen White en su artículo del 21 de junio de 1890 (*Review and Herald*). Y ¡cuán doblemente trágico que hayamos estado atemorizados ante el más bendito ministerio que jamás haya tenido lugar en favor nuestro!

Imaginemos a un amante verdadero en procura de ganar el corazón de su ansiada esposa. Pero ésta, preocupada continuamente por las manchas de su vestido nupcial, lo resiste y retrasa la boda debido a su incapacidad para comprender o apreciar cuánto la ama su futuro esposo.

¿Significa eso que el pecado no tiene importancia? ¿Significa que no tenemos una gran obra que hacer a fin de vencer?

El pecado importa, y mucho; y tenemos una gran obra que hacer. El mensaje de 1888 dice simplemente que la verdadera gloria de Dios se revela en la excelsa luz de la Cruz. El pecado no puede existir en esa luz. "La fe obra por el amor [*agape*] y purifica el alma".

No somos nosotros quienes purificamos el alma; es la fe la que hace la obra. Una y otra vez el Señor ha intentado hacer comprender a su pueblo la verdad de que la justicia viene por la fe, no por las obras. No es *haciendo* como lavamos nuestras vestiduras, sino *creyendo* en esa sangre del Cordero.

Y eso no es gracia barata. Es gracia terriblemente cara. Sólo al final del tiempo aprende por fin el pueblo de Dios a sentir cuánto ha costado realmente. El pecado resulta entonces vencido por siempre, porque el amor al yo fue vencido ya, y el conflicto de los siglos termina por fin.

Sí, tenemos una gran obra por hacer: "Ésta es la obra de Dios, que creáis en el que él ha enviado" (Juan 6:29). Nuestra "obra" suprema consiste en APRENDER A CREER.

Al alma que cree le resulta imposible continuar en la transgresión de la ley de Dios si tiene un corazón que, por más endurecido y frío que hubiese estado anteriormente, fue enternecido ante la visión de esa "sangre" del Cordero.

¿Cómo puede uno aprender a "deleitarse" en la ley de Dios: los diez mandamientos?

Lo que nos enseña a decir ¡NO! a los deseos de la carne y a todas las adicciones compulsivas y perversiones a las que el diablo intenta llevarnos no es el temor al castigo ni la expectativa de recompensa, sino el contemplar esa excelsa Cruz. La gracia de Dios ha traído ya salvación a todos los hombres, y nos enseña a pronunciar esa palabra: "No" (Tito 2:11-12).

Como la fea crisálida transformándose en una bella mariposa, los diez mandamientos dejan de ser diez prohibiciones para convertirse en diez gloriosas promesas. En efecto, el Señor nos dice que si apreciamos lo que le costó realmente redimirnos—cómo nos sacó de tierra de Egipto, de tierra de esclavitud—entonces nos promete que nunca robaremos, mentiremos, cometeremos adulterio, etc. (ver *EGW Comentario Bíblico Adventista*, vol. I, 1119).

Eso sucede así porque el Espíritu Santo viene a ser en el creyente una motivación más fuerte que los impulsos de su naturaleza pecaminosa (Gál 5:16-18; Rom 8:2).

¿Necesitamos como iglesia las bendiciones del mensaje de 1888? "En su gran misericordia el Señor [nos] envió" ese mensaje. ¿No sería una increíble arrogancia pretender que no necesitamos aquello que el Señor nos envía? ¿Qué evaluación puede hacer el Cielo de nuestra negligencia al respecto?

¿Cómo puede el concepto de 1888 de la justificación por la fe resolver el problema de tantos adventistas que carecen de "seguridad en la salvación"?

La verdad de la justificación por la fe, según el mensaje de 1888, es el ingrediente perdido, tanto en el "adventismo histórico" como en la "teología reformacionista" Ambos siguen en general conceptos arminianos, que hacen depender la salvación del pecador de su propia iniciativa.

Eso suscita la duda de si el creyente puede realmente tener alguna vez una verdadera seguridad en la salvación. ¿Puede llegar a estar totalmente seguro de que su cooperación o respuesta ha sido suficientemente completa?

Por contraste, tal seguridad va implícita en el mensaje de 1888. En él se reconoce que el sacrificio de Cristo compró realmente la justificación por "todos los hombres". Lo que perdió la raza humana "en Adán", quedó recuperado mediante el don a la raza humana "en Cristo". "De tal manera amó Dios *al mundo*, que ha dado a su Hijo unigénito" (Juan 3:16). Él gustó la muerte por todos los hombres (Heb 2:9). Él es la propiciación por los pecados de los que creemos, pero "no solamente por los nuestros, sino por los de todo el mundo" (1 Juan 2:2). ¡Nadie está excluido!

Cristo "es el Salvador de todos los hombres, especialmente de los que creen" (1 Tim 4:10). Cargó y carga todavía la verdadera culpabilidad de todos los hombres, ya que Cristo "murió por todos" (2 Cor 5:14-15). De no haber sido así, todos estarían muertos. Se trata de una justificación legal o judicial, *efectuada*—no meramente *ofrecida* como algo *provisional*—en favor de "todos los hombres".

Así, *es un don* porque se da "gratuitamente por su gracia" (Rom 3:23-24). Sólo cabe llamar don a aquello que ha sido efectivamente dado. La vida física de "todos los hombres", su próxima respiración, todo cuanto tienen, lo gozan solamente en virtud de la gracia de Cristo. Y eso a pesar de que quizá no hayan reconocido nunca el Origen de la "gracia de la vida" que les fue dada (1 Ped 3:7). Cristo es tan generoso y magnánimo, que hace salir sobre buenos y malos, y envía la lluvia a justos e injustos. De igual manera, en el don incomparable de su Hijo, Dios ha rodeado al mundo entero con una atmósfera de gracia tan real como el aire que respiramos (*El Camino a Cristo*, 68).

Cree *esas* buenas nuevas, y sanará tu enemistad con Dios. Pablo aclara que no podemos estar preocupados por la seguridad de nuestra propia salvación si miramos a la cruz: "El que no eximió a su propio Hijo, sino que lo entregó por todos nosotros, ¿cómo no nos dará también con él todas las cosas?" (Rom 8:32).

Me han recomendado que desconfíe de esas buenas nuevas, ya que en ellas hay peligro de universalismo.

Lejos de ello. Los perdidos lo serán, no porque Dios los haya predestinado a perderse, sino porque escogieron resistir, rechazar y despreciar su gracia; se negaron a respirarla. El concepto calvinista de la "gracia irresistible" no es bíblico. "El pecador puede resistir a este amor, puede rehusar ser atraído a Cristo; pero si no se resiste, será atraído a Jesús" (*El Camino a Cristo*, 27). Ahora bien, si se resiste, toma finalmente sobre sí mismo la plena condenación de la que Cristo le había salvado ya (Juan 3:16-18). Por lo tanto, en definitiva, su condenación es debida solamente a su propia iniciativa (*El Conflicto*, 597-598).

¿Qué responder a los que objetan que ese mensaje debilita la obediencia y la adhesión a una norma elevada?

Esa es precisamente la objeción mediante la que muchos de nuestros hermanos se opusieron en 1888. Rechazaron inicialmente este "muy precioso mensaje" debido a su temor de que si nuestro pueblo apreciaba plenamente la forma en la que "sobreabundó la gracia", se diera una relajación en la observancia de la ley.

Pero Pablo podría haber disipado sus temores: "Luego, ¿anulamos la ley por la fe? ¡De ninguna manera! Al contrario, confirmamos la ley" (Rom 3:31). *De hecho, no hay otra forma de obedecer verdaderamente, si no es mediante esa fe genuina.* El superficial "cree solamente" o "gracia de saldo" del cristianismo popular, no es fe genuina. Carece absolutamente de la poderosa dinamita espiritual contenida en la verdadera justificación por la fe.

La razón es que el cristianismo popular cree, en general, en la inmortalidad natural del alma. Si tal doctrina es verdadera, Cristo no pudo haber muerto realmente en la cruz del Calvario. En consecuencia, muchos son incapaces de apreciar las magnas dimensiones del *agape* revelado allí. Como una hilera de fichas de dominó en la que cae una pieza y desencadena la caída sucesiva de todas las demás, hay ciertos resultados que resultan inevitables. En consecuencia, su concepto sobre la fe queda "cojo"; y a su vez, su fe desvitalizada resulta incapaz de "obrar" produciendo plena obediencia a todos los mandamientos de Dios. El resultado es mundanalidad, orgullo, autosuficiencia y el continuo desprecio a la ley de Dios.

Tal es la razón por la que muchos han rechazado la obediencia al cuarto mandamiento. Implica llevar una cruz, y ellos no saben cómo aceptar su propia cruz, dado que no entienden o aprecian verdaderamente la Cruz de Cristo.

En la prueba final de la "marca de la bestia" toda obediencia que sea motivada por el temor a perderse, o bien por la expectativa de recompensa personal, se demostrará centrada en el yo, carente de Cristo. "Por el fuego será revelada" como "madera, heno, paja …" (1 Cor 3:12-13). Cambiando la metáfora, será como la brizna llevada por el viento tempestuoso de los últimos días. El auténtico "mensaje del tercer ángel en verdad" prepara a un pueblo para esa prueba de fuego y para esa tormenta.

Pero hay muchas personas sinceras y honradas en todas las religiones, esperando solamente oír el mensaje del tercer ángel. Cuando oigan ese mensaje "en verdad", responderán gozosos.

Me han dicho que el mensaje de 1888 enseña que la raza humana pecadora fue hecha justa sin participación de su voluntad, que hasta los paganos y adoradores de Satanás, asesinos y ladrones, son todos hechos justos. ¿Es cierto?

Naturalmente, es una distorsión del mensaje. No hay tal, ni nada parecido. Pablo debió también enfrentarse con aquellos que distorsionaban su mensaje. La exposición del mensaje hecha por los mensajeros de 1888, y que Ellen White apoyó, es la siguiente:

Así como la condenación vino a todos los hombres (Rom 5:18), también la justificación. Cristo gustó la muerte por todos. Se dio a sí mismo por todos, se dio a cada uno. El don gratuito vino sobre todos. El hecho de que sea un don gratuito es evidencia de que no hay excepción alguna. Si hubiese venido solamente sobre aquellos que hubiesen tenido alguna calificación especial, no habría sido un don gratuito. Por lo tanto, es un hecho claramente establecido en la Biblia que el don de la justicia [justificación] y de la vida en Cristo, ha venido sobre todo hombre en el mundo (E.J. Waggoner, *Signs of the Times*, 12 marzo 1896; *Carta a los romanos*, 121).

Eso armoniza con Juan 3:16-17; Rom 3:23-24; 5:12-18; 1 Tim 2:6; 4:10; 2 Tim 1:10; Heb 2:9 y 1 Juan 2:2.

No se trata aún de justificación por la fe. Es una justificación puramente "legal", "temporal" o "corporativa". Hasta que el hombre no la cree y acepta por la fe, no experimenta la justicia. No convierte a nadie en justo, antes de haberla creído. Es la base y fundamento sobre el que descansa la justificación por la fe.

Está claro que la Biblia enseña esa maravillosa verdad, pero ¿está Ellen White de acuerdo con ella?

No podía ser de otra manera, puesto que Ellen White nunca disintió de la Biblia. Pero algunas veces leemos sus escritos con un velo de incredulidad sobre nuestros ojos, similar al que llevaban los judíos al leer el Antiguo Testamento, y que les impidió discernir allí la justificación por la fe.

Ellen White reconoció repetidamente esa verdad. Por ejemplo, veamos en *Mensajes Selectos*, vol. III, 221: "La obra mediadora de Cristo comenzó en el mismo momento en que comenzó la culpabilidad, el sufrimiento y la miseria humana, tan pronto como el hombre se convirtió en un transgresor". "El hombre" significa aquí lo mismo que "todo hombre", y la obra de Cristo en nuestro favor "comenzó" antes de que nos arrepintiésemos. Consideremos también *El Deseado*, 615:

> A la muerte de Cristo debemos aún esta vida terrenal. El pan que comemos [¿quiénes, sino "todos los hombres"?] ha sido comprado por su cuerpo quebrantado. El agua que bebemos ha sido comprada por su sangre derramada. Nadie, santo o pecador, come su alimento diario sin ser nutrido por el cuerpo y la sangre de Cristo. La cruz del Calvario está estampada en cada pan.

Poco tiempo después de haber escrito esas célebres palabras, comentó de una forma quizá aún más enérgica la realidad de la justificación legal universal:

> Toda bendición ha de venir a través de un Mediador. Todo miembro de la familia humana es dado enteramente en las manos de Cristo, y todo cuanto poseemos—sea el don del dinero, casas, tierras, el poder de la razón o la fortaleza física, los talentos intelectuales—en esta vida y las bendiciones de la vida futura, se nos dan en posesión como tesoros de Dios para ser fielmente dedicados en beneficio del hombre. Todo don está estampado con la cruz, y lleva la imagen y sobrescrito de Jesucristo. Todas las cosas vienen de Dios. Desde las más insignificantes bendiciones hasta las mayores de ellas, fluyen todas por un Canal—una mediación sobrehumana asperjada por la sangre de un valor inconmensurable, ya que fue la vida de Dios en su Hijo (MS 36, 1890; *The Ellen G. White 1888 Materials*, 814).

Veamos ahora *Mensajes Selectos*, vol. I, 402: "[Cristo] se apoderó del mundo sobre el que Satanás pretendía presidir como en su legítimo territorio. En la obra admirable de dar su vida, *Cristo restauró a toda la raza humana al favor de Dios*".

Hay más: "Jesús, el Redentor del mundo, se interpone entre Satanás y toda alma ... Los pecados de cada uno que haya vivido sobre la tierra fueron puestos sobre Cristo, testificando del hecho de que nadie tiene por qué ser vencido en el conflicto con Satanás" (*Review and Herald*, 23 mayo 1899). "La sangre propiciatoria de Cristo impidió que el pecador recibiese el pleno castigo de su culpa" (*El Conflicto*, 687). Ellen White afirmó que los que vinieron de Jerusalem a Antioquía para oponerse a Pablo, rehusaban creer que Cristo murió por "el mundo entero", justificando así legalmente a "todos los hombres" (*Sketches From the Life of Paul*, 121).

"Todos los hombres" morirían en un instante si hubiesen de llevar la verdadera culpabilidad de sus pecados. Tal habría sido la suerte de Adán y Eva en el jardín del Edén, de no haber existido un "Cordero que fue inmolado desde la creación del mundo" (Apoc 13:8). Eso es lo que Pablo quiere decir al declarar que "vino a todos los hombres la justificación que da vida" (Rom 5:18). Ellen White así lo creía.

¿Puede ser alguien justificado sin obediencia?

Ningún pecador puede ser justificado por la fe sin arrepentimiento y obediencia subsiguiente; ni puede tampoco retener la experiencia de la justificación *por la fe* sin la constante cooperación con el Espíritu Santo, que se traduce en obediencia.

Si el incrédulo elige rechazar lo que Cristo hizo ya por él y lo expulsa de sí, pide la plena carga de culpabilidad nuevamente sobre él y debe morir la segunda muerte. Pero es totalmente innecesario, excepto por su obstinada incredulidad.

Esa es la idea de 1888 sobre la justificación por la fe. Exalta la ley de Dios como ninguna otra cosa podría hacer. Escribiendo bajo la bendición del mensaje de 1888, la sierva del Señor aclaró el problema de las "condiciones":

> Se suscitará la pregunta, ¿Cómo sucede eso? ¿Es mediante condiciones como recibimos la salvación? Jamás venimos a Cristo mediante condiciones. Y si venimos a Cristo, entonces, ¿cuál es la condición? La condición es que mediante una fe viviente nos aferremos enteramente a los méritos de la sangre de un Salvador crucificado y resucitado. Cuando hacemos tal cosa, obramos las obras de justicia. Pero cuando Dios llama e invita al pecador en nuestro mundo, no hay ahí condición alguna. Es atraído por la invitación de Cristo y no consiste en que "tienes que responder a fin de venir a Dios". El pecador viene, y al venir y ver a Cristo levantado sobre esa cruz del Calvario que Dios impresiona en su mente, hay un amor que

va más allá de todo lo que jamás imaginó. Y entonces, ¿qué? Al contemplar ese amor, le dice que es un pecador. Bien, ahora, ¿qué es el pecado? Tiene que llegar por fin a este punto, para comprenderlo. No hay otra definición dada en nuestro mundo, excepto que pecado es transgresión de la ley; por lo tanto, descubre lo que es el pecado. Y hay arrepentimiento hacia Dios. Y ¿qué sigue entonces? Fe hacia nuestro Señor y Salvador Jesucristo que puede pronunciar perdón sobre el transgresor. Cristo está atrayendo a todo el que no ha sobrepasado los límites. Lo está atrayendo hoy a sí mismo (MS 9, 1890; *The Ellen G. White 1888 Materials*, 537).

¿Hay conflicto entre el apóstol Santiago y Pablo a propósito de la justificación por la fe? ¿Debilita Santiago la presentación del evangelio hecha por Pablo?

Desde luego, Santiago (2:17-25) no tiene la menor intención de contradecir a Pablo. Su enseñanza consiste en que hay dos tipos de "fe": la fe viva, y la muerta. Hay igualmente dos tipos de personas: los vivos, y los muertos. Éstos últimos no obran, así como tampoco la fe muerta.

El tipo de fe que tienen los diablos cuando "creen y tiemblan", es la fe muerta que no aprecia el agape de Cristo y que no produce obras de justicia. Pablo habla de la fe viviente que aprecia la Cruz, y nos motiva a la obediencia voluntaria y gozosa (Rom 13:10; Gál 5:5-6; 2 Cor 5:14-6:1).

Los judíos dijeron a Jesús: "¿Qué debemos hacer para poner en práctica las obras de Dios? Respondió Jesús y les dijo: Ésta es la obra de Dios, que creáis en el que él ha enviado" (Juan 6:28-29). Esas palabras deberían estar escritas en letras de oro y mantenidas constantemente ante la vista de todo cristiano que lucha. Queda resuelta la aparente paradoja. Las obras son necesarias; sin embargo la fe es totalmente suficiente, ya que la fe hace la obra ...

El problema es que mucha gente tiene en general una falsa concepción de la fe ... La fe y la desobediencia son incompatibles. No importa la mucha fe que profese el transgresor de la ley: el hecho de que quebranta la ley demuestra que no tiene fe ... Que nadie desprecie la fe como algo de poca importancia (E.J. Waggoner, *Bible Echo*, 1 agosto 1890).

¿No dice Santiago que la fe sola no puede salvar a un hombre, y que la fe sin obras es muerta? [Responde Waggoner]

Examinemos sus palabras. Demasiados las han pervertido en un legalismo mortal ... Si la fe sin las obras es muerta, [es porque] la ausencia de obras revela la ausencia de fe; lo que está muerto no posee existencia. Si un hombre tiene fe, las obras aparecerán necesariamente… (Id.)

Entonces, ¿qué hay de Santiago 2:14, que dice: "¿De qué sirve que alguien diga que tiene fe, si no tiene obras? ¿Acaso podrá esa fe salvarle?" [Responde Waggoner]

La respuesta es, por supuesto, que no podrá. ¿Por qué no? Porque no la tiene [esa fe que dice tener]. ¿De qué aprovecha si un hombre dice que tiene fe, pero su malvado curso de acción demuestra que no tiene ninguna fe? ¿Despreciaremos el poder de la fe por el hecho de que no hace nada por aquel que hace una falsa profesión de ella? … La fe no tiene poder para salvar a un hombre que carece de ella (Id.)

Aunque Santiago no contradice a Pablo, algunos han pretendido que así sea. Pero la perspectiva, en una y otra epístola, es diferente. Santiago no centra la discusión en la Cruz ni en la sangre de Cristo. Necesitamos toda la Revelación, pero por algún motivo el Espíritu Santo consideró oportuno proporcionarnos 14 cartas de Pablo en el Nuevo Testamento, y solamente una de Santiago.

Capítulo 2

Cuestiones prácticas sobre el mensaje de 1888

¿Qué hace en la práctica el mensaje de 1888 por quien lo acepta?

Produjo un reavivamiento y reforma entre los miembros laicos que lo oyeron inmediatamente después de la asamblea de Minneapolis de 1888 (ver A. V. Olson, *Trough Crisis to Victory*, 56-81). La reforma habría sido completa de no haber sido por la oposición de los dirigentes de la Asociación General y Review and Herald (Ellen White, *Review and Herald*, 11 y 18 de marzo de 1890).

El mensaje trae hoy alegría y esperanza a miles de corazones que lo oyen y creen.

¿Cómo se relaciona la temperancia y la reforma pro-salud con el mensaje de 1888?

El mensaje de 1888 recupera la verdadera motivación para la temperancia y reforma pro-salud, al relacionar la justificación por la fe con la purificación del santuario celestial.

A pesar de estar viviendo en el Día de la Expiación, hay actualmente en nuestra iglesia un desdén general por esa verdad. Al mismo tiempo, el llamado "consumo moderado de bebidas alcohólicas" ha llegado a ser un problema de tal envergadura, que en nuestra prensa oficial aparecen artículos intentando hacer frente al problema.

Las iglesias Evangélicas anteriores a la revocación nacional de 1933[1] enseñaban la prohibición bíblica del consumo de alcohol, pero hoy han abandonado en gran medida esas convicciones de antaño, en favor del así llamado "consumo moderado de alcohol".

1. Enmienda constitucional que puso fin a la prohibición de bebidas alcohólicas en Estados Unidos.

¿Por qué han perdido los evangélicos su celo antialcohólico?

Carecen de la motivación que les habría proporcionado la comprensión de la verdad del Día de la Expiación. También nosotros podemos evocar esas prohibiciones bíblicas: "No bebas", "Di ¡no!", etc, pero en ausencia de esa gran motivación basada en la verdad del santuario, resultará ser igualmente ineficaz entre nosotros, especialmente en el caso de los jóvenes. Hay en la actualidad un alarmante incremento en la bebida "social" en ciertos círculos adventistas, sobre todo en nuestras grandes instituciones.

La singular verdad del santuario constituye el eje del que han salido todos los radios de la reforma pro-salud y temperancia adventista. La negligencia de esa verdad y el problema de la bebida han corrido paralelos.

¿Por qué es tan importante la justicia por la fe en el marco del Día de la Expiación?

Dice Ellen White que "la correcta comprensión del ministerio del santuario celestial es el fundamento de nuestra fe" (*El Evangelismo*, 165). Ese es "el pilar central que sostiene la estructura de nuestra posición en el tiempo actual" (Carta 126, 1897; 4MR, 244). "El pueblo de Dios debería comprender claramente el asunto del santuario y del juicio investigador. Todos necesitan conocer por sí mismos el ministerio y la obra de su gran Sumo Sacerdote. De otro modo, les será imposible ejercitar la fe tan esencial en nuestros tiempos" (*El Conflicto*, 542). Esa "fe" es la única rienda eficaz contra la intemperancia. El temor a la enfermedad o a los accidentes, incluso hasta la muerte o el infierno mismos, no son motivaciones que proporcionen el poder necesario. Podemos seguir inculcando la temperancia por la fuerza del temor, pero eso no guardará a nuestros jóvenes en el día de la tentación:

> Podemos explayarnos en el castigo de cada pecado, y en los horrores del castigo infligido a los culpables, pero eso no enternecerá ni subyugará el alma (MS 55, 1890; *The Ellen G. White 1888 Materials*, 844)

¿Bebían alcohol los israelitas de antaño?

Aunque es muy cierto que Dios ha prohibido siempre el alcohol, su pueblo tenía un problema con él en los tiempos antiguos (ver, por ejemplo, Gén 9:20-21; 1 Sam 25:36-38; Rut 3:7; 2 Sam 13:28, etc.) La Biblia prohíbe también el materialismo y la mundanalidad, sin embargo, ambos existían entre ellos. *Pero en el Día de la Expiación, el pueblo de Israel no probaba ni una gota de alcohol* (Lev 16:29-30; 23:27-32).

Es cierto que la intemperancia y el "consumo moderado" de bebidas alcohólicas, y hasta el consumo de drogas, "abundan" hoy, incluso en la iglesia. Pero nada puede solucionar ese problema, si no es la revelación de la gracia que "sobreabundó"; esa gracia que ministra el gran Sumo Sacerdote en su obra final de expiación, desde el lugar santísimo del santuario celestial.

En estos "tiempos peligrosos" de los últimos días, debe existir una mejor motivación que el interés en uno mismo, o incluso en nosotros mismos, y consiste en el interés por el honor y vindicación de Aquel que se dio a sí mismo por nosotros. Refiriéndose una vez más al mensaje de 1888, Ellen White lo relacionó con las verdades del Día de la Expiación:

> Estamos en el día de la expiación y hemos de obrar en armonía con la obra de Cristo de purificar el santuario de los pecados del pueblo … Debemos presentar ahora ante la gente [nuestra juventud está aquí evidentemente incluida] la obra que por la fe vemos cumplir a nuestro gran Sumo Sacerdote en el santuario celestial (*Review and Herald*, 21 enero 1890).

¿Cuál es la motivación verdaderamente efectiva para la temperancia y reforma pro-salud?

La verdadera razón para llevar a la práctica la reforma pro-salud no es el que podamos disfrutar de unos pocos años más de vida dedicados a la comodidad y el lujo, sino el que podamos tener mentes claras para comprender la obra de Cristo como Sumo Sacerdote en la expiación final. La salud extra de la que disfrutamos tiene el objeto de poder servir a Dios y a nuestro prójimo eficazmente; no tiene por fin nuestra propia diversión y beneficio. Es una respuesta sincera a su amor, más bien que un interés egocéntrico del tipo '¿qué provecho le puedo sacar a eso?'

El número especial sobre la temperancia de la *Adventist Review* del 25 de febrero de 1982 incluía una breve mención de la purificación del santuario como la razón principal del mensaje adventista de salud y temperancia. Sería maravilloso si pudiese abundarse en ello, de forma que nuestra prensa oficial prestase atención a esa verdad.

¿Qué es pecado? ¿Podemos definirlo como una relación rota?

"Relación" es un término ambiguo y confuso. Una relación puede ser tanto buena, como mala. Esa palabra no aparece en la Escritura. El pecado es allí definido como transgresión de la ley, u odio hacia ella (*anomia*, según 1 Juan 3:4). El pecado es más que una relación rota: *es rebelión contra Dios.*

La diferencia se hace patente en la cruz de Cristo. Cuando el Salvador padeció en las tinieblas, experimentó una clara "relación rota", puesto que clamó: "Dios mío, Dios mío ¿por qué me has desamparado?" Sin embargo, esa relación rota no implica que Cristo pecase. En su total soledad, tinieblas, olvido y ánimo abatido, escogió no pecar, puesto que escogió creer que "Dios es *agape*" (1 Juan 4:8). Por lo tanto, el *agape* puede soportar una relación rota sin pecar. Eso demuestra que una "relación rota" no puede ser una definición adecuada de pecado.

La Biblia expresa más claramente de lo que el término "relación" puede hacer, la verdadera definición de lo que es el pecado y la fe. La confusión que ese término genera puede ser la causa de la inseguridad de muchos. Arnold Wallenkampf hace los siguientes comentarios al respecto:

> La palabra relación es manoseada a menudo en las conversaciones de hoy en día. Se la utiliza también en el área de la religión, sugiriendo una conexión salvadora con Dios. Pero la relación no es una panacea. Una persona o una organización—o casi cualquier cosa para el caso— mantiene una relación en cierta forma con cualquier cosa o persona … los tres viajeros que vieron al infortunado hombre que había sido asaltado y golpeado en el camino a Jericó (véase Luc 10:25-37), mantuvieron una relación con él. Así que la palabra relación no es adecuada para describir la conexión salvadora de una persona con Dios.

> Una relación con Dios, por sí sola, no garantiza la salvación. Satanás mismo mantiene una relación con Dios. La salvación resulta sólo de una relación de amistad, o de profundo compañerismo con Dios. Fue sólo la relación de amistad del samaritano hacia el viajero sufriente lo que salvó a este último de la muerte (*Lo que todo adventista debería saber sobre 1888*, 85).

Esa idea de Cristo muriendo por "todos los hombres" suscita la cuestión: ¿cuándo se inscriben nuestros nombres en el libro de la vida?

En los escritos de Ellen White hay muchas referencias a aquellos cuyos nombres figuran en el libro de la vida, pero rara vez alude a cuándo se los inscribe. Dos citas permiten deducirlo, aun sin definir ese extremo con exactitud: (a) "Cuando nos convertimos en hijos de Dios, nuestros nombres se inscriben en el libro de la vida del Cordero, y allí permanecen hasta el tiempo del juicio investigador" (*Comentario bíblico adventista*, vol. VII, 998). (b) "Mediante el arrepentimiento de sus pecados, la fe en Cristo y la obediencia a la perfecta ley de Dios, se le imputa al pecador la justicia de Cristo; él llega a ser su justicia, y su nombre es registrado en el libro de la vida del Cordero" (*Testimonios*, vol. III, 410).

¿Cuándo puede arrepentirse un pecador y venir a ser "hijo de Dios"?

En algunos casos, a muy tierna edad. En el vientre de su madre (Elisabet) el niño Juan el Bautista respondió al Espíritu Santo (Luc 1:41 y 44). El profeta Jeremías fue llamado, santificado y ordenado para el oficio de profeta antes de nacer (Jer 1:5). En cierto sentido, Cristo fue ya el "Salvador de todos los hombres" incluso antes que estos respondieran. Es gracias a su amor por lo que "todos los hombres" son candidatos a la vida eterna, en virtud de su sacrificio.

Su sacrificio proporcionó realmente vida a todos los hombres (Rom 5:18). Tiene que haber un paralelismo entre el libro de la vida y el don de la vida. Dios "quiere que todos los hombres sean salvos y que vengan al conocimiento de la verdad" (1 Tim 2:4). Puesto que Cristo escogió gustar "la muerte por todos" (Heb 2:9), concedió la vida a "todo hombre", que es lo opuesto a la muerte que él gustó por todos.

Con seguridad, el Señor desea que el nombre de cada uno esté en el libro de la vida, y que permanezca allí a menos que por haber preferido las tinieblas más bien que la luz, el hombre anule la "elección" para vida eterna que Dios hizo ya en su favor (Juan 3:16-19).

En la oscuridad de nuestra mente no nos apercibimos de su elección llena de gracia a favor de nuestra salvación, hasta el momento en que le prestamos atención, creemos y respondemos. En ese momento, en lo que a nosotros respecta, se inscriben nuestros nombres en el libro.

¿A qué edad puede inscribirse el nombre de un niño en el libro de la vida?

Jamás debemos trazar un círculo que deje a un niño fuera de la seguridad de la elección de Dios para vida eterna. En *El Deseado* leemos que Cristo "no rechazaba la flor más sencilla arrancada por la mano de un niño, que se la ofrecía con amor. Aceptaba las ofrendas de los niños, bendecía a los donantes e inscribía sus nombres en el libro de la vida" (p. 517). Niñitos de no más de dos o tres años son capaces de arrancar una flor y ofrecérnosla con amor.

En Hebreos 7:9 Pablo expresa una idea aparentemente extraña, que puede ayudarnos a comprender mejor el asunto. Dice que Leví pagó los diezmos en Abraham "porque Leví aún estaba en los lomos de su padre cuando Melquisedec le salió al encuentro". Dicho en otras palabras: Dios apuntó en su "libro" que Leví pagó el diezmo ¡antes incluso de haber sido concebido! "Dios … el cual llama las cosas que no son, como si fuesen" (Rom 4:17).

También es útil la ilustración de los tutores del niño heredero, en Gálatas 4:1. Hasta los mismos esclavos supervisan estrictamente al hijo del señor, hasta que este alcanza la edad apropiada. En esa fase temprana, el niño no se apercibe de quién es realmente. Y sin embargo, es ya el verdadero señor del estado. Su padre lo ha "inscrito" como tal, antes incluso de que pueda darse cuenta.

¿Cuál es la importancia de esa verdad en la ganancia de almas?

Nunca diremos a nadie que el plan de Dios es excluirlo del cielo. El plan de la salvación no requiere de nadie que dé el primer paso, ya que es Dios quien dio ya ese primer paso "en Cristo". Juan 3:16 nos dice que la parte del pecador es responder en fe sincera y profunda, "porque con el corazón se cree para justicia" (Rom 10:10; 6:17).

El decir al pecador que Dios lo ha predestinado a la vida eterna forma parte de las buenas nuevas, ya que Dios no ha predestinado a nadie para que se pierda. En su mente infinita considera ya al pecador como un candidato al cielo, y si este aprecia ese gran don, responde y vence, es el deseo de Dios que su nombre sea retenido en el libro de la vida. El pecador debe comprender que mediante su continua resistencia a la gracia de Dios, está tomando la iniciativa de hacer que su nombre sea borrado.

Cuando un paciente se cura de una enfermedad, no precisa más la medicina. ¿No tiene hoy nuestro pueblo una comprensión mucho mejor de la justicia por la fe, que décadas atrás? ¿No debería silenciarse el mensaje de 1888?

Hace unos cien años, Ellen White dijo de ese mensaje: "No hay ni siquiera uno entre cien, que comprenda por sí mismo la verdad bíblica sobre este tema [la justificación por la fe] tan necesario para nuestro bien presente y futuro" (*Review and Herald*, 3 septiembre 1889; citado en el libro de A. G. Daniells, *Christ Our Righteousness*, 87).

¿Goza hoy nuestro pueblo de una comprensión significativamente mejor al respecto? Daniells dijo en sus días (1926) que la respuesta es 'No', dado que el "mensaje [de 1888] no ha sido nunca recibido, proclamado ni se le ha dado libre circulación de la manera en que debió serlo" (Christ Our Righteousness, 47). En ocasiones fueron importados conceptos evangélicos, etiquetándolos como "el mensaje de 1888". Pero los elementos básicos del auténtico mensaje estaban ausentes. Hay abundante evidencia documental de este hecho. ¿Cuándo se puede decir que en nuestro siglo de historia fuesen recobradas y promulgadas las verdades de 1888?

La *Adventist Review* del 6 de enero de 1991 exponía el resultado de un escrutinio reciente, según el cual el setenta por ciento de nuestros jóvenes no comprende el evangelio. El escrutinio entiende por "evangelio" los conceptos evangélicos básicos, tal como los sostienen las iglesias no adventistas.

No resultaría difícil demostrar que un porcentaje aún mucho mayor ignora las verdades singulares de la justificación por la fe a las que se refería Ellen White.

Difícilmente habría afirmado que "ni siquiera uno entre cien" comprendía en su día el concepto popular de la justificación por la fe tal como lo enseñaban Moody o Spurgeon (dos predicadores evangélicos muy conocidos del siglo XIX), ya que multitudes oían y leían los sermones de estos. Evidentemente, se refería al mensaje de 1888.

Cuando se presentan esos conceptos hoy a nuestras congregaciones, muchos, jóvenes y adultos, dan frecuente testimonio de no haberlos oído nunca con anterioridad, incluso tras haber pertenecido a la iglesia durante años o hasta décadas.

No tenemos hoy entre nosotros a un profeta que nos pueda dar una declaración inspirada sobre ese porcentaje, tal como sucedió hace un siglo. Sea que la cifra hoy fuese mejor o peor que ese "ni siquiera uno entre cien", un hecho es patente: si fuese radicalmente mejor, la iglesia no podría permanecer tibia, ya que comprender y creer esa gloriosa verdad hace imposible la tibieza.

¿En qué punto la justificación se hace nuestra, en tanto en cuanto experiencia vivida?

La respuesta bíblica es: en el punto en que comenzamos a creer lo maravillosas que son las buenas nuevas. Es decir, en el punto en el que nuestro corazón comienza a apreciar lo que le costó al Hijo de Dios redimirnos. Tal es la fe que revela el Nuevo Testamento, y la auténtica justificación tiene lugar mediante esa fe.

De acuerdo con Gálatas 5:6, una fe tal comienza a obrar inmediatamente, y esa experiencia subjetiva es la llamada justificación por la fe. Waggoner expone que nuestro problema es la incredulidad—lo opuesto a la fe—:

Por lo que respecta a si eres de Cristo, lo puedes comprobar tú mismo. Has visto lo que él entregó por ti. Ahora la pregunta es: ¿te has entregado tú a él? Si lo has hecho, puedes estar seguro de que te ha aceptado. Si no eres suyo, es solamente porque has rehusado entregarle aquello que él compró. Le estás defraudando …

Referente a tu creencia en sus palabras, pero dudando de si te acepta o no, debido a que no sientes el testimonio en tu corazón, permíteme que insista en que no crees … (*Cristo y su justicia*, 64; 1890).

Observa que la justificación objetiva tuvo ya lugar en la cruz en favor de "todos los hombres". Nuestros pecados le fueron "imputados" a Cristo (2 Cor 5:19). Pero esa justificación objetiva no produce un cambio en el corazón. Cuando el pecador la aprecia y cree, se hace realidad en el terreno subjetivo, o al menos, comienza a hacerlo. Continúa y se profundiza a lo largo de toda la vida.

Todavía estoy tratando de entender lo que Dios requiere antes de que la justificación sea hecha nuestra por experiencia.

La respuesta bíblica, una vez más, se puede resumir en una palabra: fe. Eso fue todo lo que pidió de Abraham (Gén 15:6). La palabra hebrea "creer" es la raíz de nuestra expresión "Amén".

Ellen White responde en términos similares. El Señor nos pide algo: "Si acudimos a Cristo, ¿cuál es entonces la condición? … La *fe viviente*" (MS 9, 1890; *The Ellen G. White 1888 Materials*, 537).

Véase, por ejemplo, el original hebreo de Jeremías 11:5 en la respuesta que dio el profeta al "pacto" que el Señor le declaró. Jeremías no hizo promesa alguna, tal como hicieron los israelitas en Sinaí. Pronunció simplemente la palabra "Amén". Es todo cuanto el Señor ha requerido de cualquiera, en cualquier época. Una verdadera respuesta de fe conlleva una dinámica que incluye todas las obras y la cooperación que hacen al creyente enteramente obediente a todos los mandamientos de Dios.

¿Afecta la justificación por la fe solamente a los pecados pasados?

Una mera confesión de los pecados pasados no constituye una verdadera confesión en consonancia con lo escrito en 1 Juan 1:9. No comprendemos verdaderamente lo que son nuestros pecados, en lo que a confesarlos respecta, hasta que reconocemos que son en realidad algo mucho más profundo de lo que habíamos supuesto superficialmente. La Biblia ve a toda la raza humana "en Adán". Ese concepto caracteriza nuestra relación corporativa. De no haber tenido un Salvador, habríamos sido culpables de los pecados del mundo entero (corporativamente). Ninguno de nosotros es, de forma innata, mejor que ningún otro.

Leemos en Romanos 3:23: "Por cuanto todos pecaron". Nuestra verdadera culpa deriva de lo que habríamos hecho en caso de haber tenido la plena oportunidad para hacerlo, tal como la que haya disfrutado otro ser humano cualquiera. "Los libros del cielo registran los pecados que se hubieran cometido si hubiese habido oportunidad" (Ellen G. White, *Comentario Bíblico Adventista*, vol. V, 1061).

Según el mensaje de 1888, la verdadera justificación por la fe es una realidad en continua progresión. Los pecados no están solamente en el pasado; en el presente hay todavía pecado no reconocido: enemistad del corazón contra la justicia, en necesidad de posterior reconocimiento y confesión inteligentes.

La culpabilidad personal de la que nos apercibimos concierne a los pecados que sabemos haber cometido personalmente. Pero esa es sólo la punta del iceberg de la realidad, y nos muestra lo que habría sido el resto, *si no fuera por la gracia de Cristo*.

No se trata de confesar de manera que nunca más tengamos que confrontar nuestro "pasado". Nuestra verdadera culpabilidad actual tampoco debe ser ignorada, de manera que se levante contra nosotros en el juicio. Según la declaración inspirada que hemos citado, los libros del cielo registran los pecados que yo habría cometido en el caso de haber tenido la "oportunidad". ¡Eso debe incluir la crucifixión del Hijo de Dios! Por lo tanto, el verdadero arrepentimiento y confesión deben tenerlo presente.

Eso nos lleva a Zacarías 12:10–13:1:

> Derramaré sobre la casa de David y sobre los habitantes de Jerusalén espíritu de gracia y de oración. Me mirarán a mí, a quien traspasaron, y llorarán sobre mí como se llora por unigénito ... En aquel día habrá un gran llanto en Jerusalén ... La familia de la casa de David, y sus mujeres aparte ... En aquel tiempo habrá un manantial abierto para la casa de David y para los habitantes de Jerusalén, para lavar el pecado y la injusticia.

Ellen White aplicó en diversas ocasiones este pasaje a la obra de sellamiento que ha de tener lugar antes que termine el tiempo de gracia (*El Deseado*, 267; *Signs of the Times*, 28 enero 1903).

Durante años hemos comprendido erróneamente la verdad de 1888 de la justificación por la fe. Como resultado, hemos luchado contra la idea de la culpabilidad corporativa y del arrepentimiento corporativo que le corresponde. Ha existido hambre de la justicia por la fe que purifica verdaderamente los corazones del pueblo de Dios.

El Señor quiere concedernos una conciencia real de ese hecho. Y entonces habrá ese manantial abierto para el pecado y la inmundicia. Ojalá ese día venga pronto.

¿No hay peligro de hacer demasiado buenas las buenas nuevas?

El evangelio son ciertamente buenas nuevas. No consisten en que el Señor nos salve en nuestros pecados, sino de nuestros pecados. Tal es su oficio de Salvador, y tiene el poder para hacerlo. El problema es nuestra reticencia a abandonar el pecado.

Si él nos permitiese revolcarnos en el pecado mientras que acariciamos una vana esperanza, no habría ahí buenas nuevas de ninguna clase. Él libra del pecado, y puede así preparar a un pueblo para su segunda venida.

No podemos negar que "de tal manera amó Dios al *mundo*, que *ha dado* [no prestado] a su Hijo unigénito, para que todo aquel que cree en él [no a quien *hace* algo de la forma correcta], no perezca, sino que tenga vida eterna". Su amor es activo; él es el Buen Pastor a la búsqueda de la oveja perdida. *Hay que resistir su gracia a fin de perderse.*

Se trata de auténticas buenas nuevas. Son buenas porque la gracia de Dios imparte al corazón del que cree el deseo de abandonar el pecado. Entonces el creyente es movido a la plena obediencia. Dice Jesús:

Venid a mí todos los que estáis fatigados y cargados, y yo os haré descansar. Llevad mi yugo sobre vosotros y aprended de mí, que soy manso y humilde de corazón; y hallaréis descanso para vuestras almas; porque mi yugo es fácil y mi carga ligera (Mat 11:28-30).

Dura cosa te es dar coces contra el aguijón (Hechos 26:14).

Me han dicho que el mensaje de 1888 interpreta algunos textos de forma opuesta a la habitual.

Sí, puede ser cierto. El evangelio en su pureza contraría a menudo la tibieza de la iglesia. La comprensión habitual que nos ha caracterizado como pueblo, especialmente a la juventud, es que ser un buen cristiano constituye algo realmente difícil, y que—por el contrario—es muy fácil perderse. Jesús dice lo opuesto, como puede comprobar todo el que quiera recibir sus palabras de vida.

Hay aquí otro ejemplo de texto que se suele comprender "al revés":

La carne desea contra el Espíritu, y el Espíritu contra la carne. Los dos se oponen entre sí, para que no hagáis lo que quisierais (Gál 5:17)

Muchos hemos entendido ahí que no podemos hacer las cosas buenas que querríamos hacer. Pero el mensaje de 1888 lo ve al revés. Si creemos en lo buenas que son las buenas nuevas, el Espíritu Santo demuestra ser más fuerte que la carne, y puesto que lucha contra la carne, esta pierde, y no podemos hacer las cosas malas que esa carne nos invita a hacer. En otras palabras, se trata de un comentario de Romanos 1:16, donde leemos que el evangelio "es poder de Dios para salvación a todo aquel que cree" (nuestra palabra "dinamita" deriva del término griego traducido como "poder").

La luz predomina sobre las tinieblas; el amor es más fuerte que el odio; la gracia puede más que el pecado; y el Espíritu Santo es más poderoso que la carne. La posición de 1888 es correcta, ya que leemos en el versículo 16 de Gálatas 5: "Vivid según el Espíritu, y no satisfaréis los deseos malos de la carne" (Ver también Rom 8:1-16).

Es cierto que la Biblia afirma que las buenas nuevas son muy buenas, pero ¿acaso no destacó Ellen White los aspectos "difíciles" de las buenas nuevas?

Ellen White no pretendió jamás contradecir la Biblia, y desde luego, nunca se opuso a las palabras del Señor Jesucristo. De ninguna forma negó el concepto de 1888 sobre la justificación por la fe. Sin embargo, es muy posible que al leerla proyectemos en sus escritos nuestras propias ideas arminianas acariciadas durante años. Podemos ciertamente leerla de la forma en la que los judíos leían el Antiguo Testamento: con un velo en el corazón (2 Cor 3:14-16).

Cuando ella habló de "retener la justificación", el contexto demuestra siempre que se refería a la justificación por la fe. Cualquiera que voluntariamente continúa en el pecado, niega con ello su experiencia de justificación por la fe. Si continúa en pecado, está teniendo "por inmunda la sangre del pacto en la cual fue santificado" (Heb 10:29), está despreciando la gracia de Dios, y retoma la plenitud de la condenación sobre sí. Pero Ellen White fue en todo caso entusiasta defensora del hecho de que el sacrificio de Cristo afecta a todo el mundo.

Eso tiene que significar que no hay ninguna deuda legal en contra nuestra, anotada en los libros del cielo, a menos que rechacemos esa justificación efectuada ya en favor nuestro, y que según Romanos 5:18

"vino a todos los hombres". Cristo eliminó nuestra sentencia condenatoria, clavándola en la cruz (Col 2:13-14).

Es posible tomar palabras, frases, citas, declaraciones de Ellen White, y encadenarlas de manera que dé la impresión de que ella negó lo que Jesús dijo a propósito de lo "fácil" de su yugo, y lo "ligera" de su carga. Pero atendiendo a su contexto veremos que jamás fue su intención el contradecir al Señor Jesús, por cuya sangre se sabía comprada. Observemos su enseñanza:

> No deduzcamos, sin embargo, que el sendero ascendente es difícil y la ruta que desciende es fácil. A todo lo largo del camino que conduce a la muerte hay penas y castigos, hay pesares y chascos, hay advertencias para que no se continúe. El amor de Dios es tal que los desatentos y los obstinados no pueden destruirse fácilmente. Es verdad que el sendero de Satanás parece atractivo, pero es todo engaño; en el camino del mal hay remordimiento amargo y dolorosa congoja ... "El camino de los transgresores es duro", pero las sendas de la sabiduría son "caminos deleitosos, y todas sus veredas paz" ... A lo largo del áspero camino que conduce a la vida eterna hay también manantiales de gozo para refrescar a los fatigados (*El Discurso Maestro de Jesucristo*, 117-119).

Si eso es cierto, la buena nueva resulta ser una excelente nueva, pero ¿cómo hace el Espíritu Santo para enfrentarse exitosamente con la carne?

El Espíritu Santo viene como el Consolador (parakletos). Su nombre significa el que es llamado para permanecer a nuestro lado y no abandonarnos jamás (*para* = paralelo, *kletos* = llamado). No nos abandonará nunca a menos que lo despachemos (Juan 14:16-18; 16:7-13).

Podemos encontrar un ejemplo de su modo de obrar en Isaías 30:21: "Entonces tus oídos oirán a tus espaldas palabra que diga: Este es el camino, andad por él; ya sea que echéis a la mano derecha, ya sea que torzáis a la mano izquierda". Al considerar la vida pasada, comprobamos que siempre que cometimos errores es porque desoímos esa "palabra".

Nuestra parte es darle oído, prestarle atención, responderle, permitir que nos guíe. Cuando nos convence de pecado, nuestra parte es decirle: 'Gracias, Señor. Lo acepto y me someto gustoso a ti'. Si nuestra respuesta no es positiva, le estamos resistiendo, y esa es la única manera en la que podemos perdernos.

El pecado implica la continua resistencia hacia el Espíritu Santo, darle la espalda, escoger nuestro camino en lugar del suyo. El mensaje de 1888 revela que Dios está mucho más deseoso de nuestra salvación de lo que habíamos pensado. La purificación del santuario corresponde al gran Sumo Sacerdote. Es su obra; no la nuestra. Sin embargo, debemos cooperar con él, permitir que la lleve a cabo.

¿Podría saber más acerca de esa nueva luz a propósito de que sea más fácil salvarse que perderse?

En 2 Corintios, Pablo expone esa gran verdad. El apóstol derramó su vida en ilimitado servicio por Cristo, sufriendo "en trabajos … en azotes … en cárceles … tres veces he sido azotado con varas; una vez, apedreado; tres veces he padecido naufragio…" (11:23-28). ¿Por qué no retirarse y dejar que los hombres jóvenes llevasen esas cargas?

A Pablo le resultaba imposible cesar en la lucha. Ante la acusación de desequilibrio mental, su defensa fue: "El amor [*agape*] de Cristo nos constriñe" (5:14).

Pablo no estaba hecho de un material superior al nuestro, *pero vio algo que aún hemos de ver nosotros*: el verdadero significado de la cruz de Cristo.

El aprecio a las magnas dimensiones del *agape*, tal como lo revela la cruz, restaura la motivación perdida para servir al Señor. Toda motivación centrada en el yo, basada en el temor al castigo, o bien en la esperanza de recompensa, resulta ser pueril, propia de la niñita que lleva las flores en la ceremonia de la boda, mientras piensa en el pastel que le espera después. En ese sentido, se puede decir que está "bajo la ley" (Rom 6:14). La novia ha descubierto una motivación superior para acudir a su cita matrimonial—su interés va dirigido hacia el novio, y no tiene tiempo para pensar en el pastel y el helado. Está "bajo la gracia", bajo una nueva motivación impuesta por un aprecio profundo, sincero y maduro, por el carácter, valor y persona del novio.

Eso, desde luego, es muy distinto a decir que Pablo fue forzado en contra de su voluntad. Hubiese podido elegir despreciar la cruz y pisotear al Redentor crucificado. Pero escogió creer el evangelio. Así explicó cómo ese amor vino a ser para él tan poderosa motivación:

> Pensando esto: que si uno murió por todos, luego todos son muertos [es decir, si no hubiese muerto por todos, todos estarían muertos]; y por todos murió, para que los que viven, ya no vivan para sí, mas para aquel que murió y resucitó por ellos (2 Cor 5:14-15).

¿Qué significan esos versículos en lenguaje actual?

El amor de Cristo es una motivación tan poderosa, que al creyente en el evangelio le resulta imposible seguir viviendo para sí. Se siente ahora motivado a vivir por Cristo. El poder de ese amor agape es la razón que hace fácil la salvación y difícil la perdición, a condición de *que el corazón crea* las buenas nuevas.

¿No dice Mateo 7:14 que salvarse es realmente difícil, en contradicción con el mensaje de 1888?

Leemos: "Estrecha es la puerta y angosto el camino que lleva a la vida, y pocos la hallan". El término griego traducido por "angosto" es thlibo, que significa estrecho; ajustado; contenido entre dos vertientes, como en una garganta formada por dos montañas. Es fácil atravesar un paso estrecho, siempre que uno se deshaga previamente del equipaje. "Nuestro" equipaje es el amor al yo.

Sí, pero dejar mi equipaje es precisamente lo que encuentro tan difícil. No es fácil rendir el yo.

Eso es muy cierto a menos *que hayamos visto la cruz de Cristo.* Ve al Getsemaní, arrodíllate al lado de Jesús mientras él transpira gotas de sangre en la agonía de su tentación, y óyele "ofreciéndole ruegos y súplicas con gran clamor y lágrimas", óyele orando: "Padre mío, si es posible, pase de mí este vaso; empero no como yo quiero, sino como tú" (Mat 26:39). Cuando tu corazón se une con el suyo por la fe, encontrarás muy fácil abandonar tu equipaje de egoísmo, ya que estarás incorporado en Cristo, serás uno con él, apreciando lo que debió pagar para salvarte.

Si hacemos tan buenas las Buenas Nuevas, ¿no hay peligro de que el resultado sea continuar en pecado?

No, porque el evangelio "es poder de Dios para salvación" (Rom 1:16). *¡Ninguna otra cosa puede salvarnos del pecado!* El pecador no resulta conmovido por las malas nuevas o por el temor, sino por la revelación del amor de Dios (*El Deseado*, 446). Es "su bondad [la que] te guía al arrepentimiento" (Rom 2:4). Solamente una tergiversación intencionada puede hacer que el evangelio se comprenda equivocadamente.

De alguna forma tengo siempre la impresión de que Dios está presto a juzgarme y condenarme. ¿Puede el mensaje de 1888 proporcionarme alguna luz que me haga ver el final de ese túnel?

La gran "maquinaria" celestial está especialmente dedicada a la salvación de los pecadores, no a su condenación (Juan 3:17). Muchos se sorprenden al conocer que el Padre ha rehusado juzgar a nadie, y que ha dado todo el juicio al Hijo (Juan 5:22). El texto dice que declina toda obra de juicio por haberla puesto en manos de Cristo, dado que este es el Hijo del hombre. Así, puedes estar seguro de que el Padre jamás te condenará.

La misma seguridad puedes tener de que Cristo tampoco va a condenarte. Él dijo que rehusaba juzgar a nadie, en el sentido de condenarlo. El único juicio que pronunciará es el de vindicación, de absolución, para aquellos que aprecian su cruz: "Al que oye mis palabras y no las guarda, yo no le juzgo; porque no he venido a juzgar al mundo, sino a salvar al mundo" (Juan 12:47).

Por consiguiente, todo aquel que sea finalmente condenado, lo será por su propio juicio incriminatorio, en razón de no haber creído al evangelio: "El que me rechaza y no recibe mis palabras, tiene quien le juzgue; la palabra que he hablado, ella le juzgará en el último día" (vers. 48).

La "ira" de la que el Señor quiere salvarnos, no es la "ira de Dios". La traducción interlineal de F. Lacueva, en Romanos 5:9, es: "Seremos salvos mediante él [Cristo] de la ira". Dios quiere ahorrarnos la terrible experiencia, en el día del juicio final, de nuestra propia ira, de aborrecernos a nosotros mismos por haber desperdiciado una vida en la búsqueda egoísta de nuestros intereses, por las oportunidades rechazadas y por habernos entregado a una rebelión enteramente injustificada contra su gracia.

Está bien concluir que la salvación es fácil si uno cree las buenas nuevas. Pero mi problema es que me resulta difícil creer.

Esa es una cuestión muy sincera y muy práctica. Hemos de admitir que lo que nos resulta más difícil "hacer", es precisamente creer. Todos hemos nacido, hemos sido criados, educados, nutridos y condicionados en la incredulidad. Cada mañana amanecemos como incrédulos, y hemos de ejercer nuevamente el don de la elección, humillando nuestros corazones y escogiendo creer.

Mil veces cada día tenemos nuevamente que elegir creer en lo que dice el Señor. "Cada día muero", dijo Pablo (1 Cor 15:31). Los hijos de Israel "no pudieron entrar" en la tierra prometida debido a la incredulidad (Heb 3:12-19; 4:6), y ese sigue siendo aún hoy nuestro problema.

Nuestra batalla es siempre "la buena batalla de la fe" (1 Tim 6:12). En otras palabras, consiste en aprender a creer.

¿Cómo puedo aprender a creer?

Una escritora inspirada nos ha dicho que jamás podemos perecer si aprendemos a orar cierta oración muy concreta y simple. La encontramos en Marcos 9, donde el angustiado padre de un niño endemoniado clamaba a Jesús: "Si puedes algo, ayúdanos teniendo misericordia de nosotros" (vers. 22). Jesús le dio la vuelta a ese "si" condicional, y le dijo al padre: "Si puedes creer, al que cree todo es posible".

Parecería que Jesús estaba casi provocándole, haciéndole entrever una bendición que quedaba más allá de su alcance, como tan a menudo sentimos también nosotros. El hombre reconoció sinceramente su dificultad para creer. Entonces rompió en lágrimas echándose a los pies de Jesús, y oró así: "Creo, ayuda mi incredulidad" (vers. 23-24). Refiriéndose a ese episodio, en la página 396 de *El Deseado*, leemos: "Nunca pereceremos mientras hagamos esto, nunca".

Dios "repartió una medida de fe" a cada uno (Rom 12:3). En otras palabras, el Señor ha concedido a cada uno de nosotros la capacidad de creer. La palabra "medida" es metron, algo así como un vaso graduado para cuantificar el volumen de un líquido. Significa que Dios "repartió a cada uno" la capacidad de creer. Nadie podrá recriminarle en el juicio por haberle negado esa "medida".

Para poder creer, hay que oír primero las buenas nuevas. No podemos originar la fe a partir de nosotros mismos, sino a partir de una comprensión del amor de Dios. Nadie posee en sí mismo el mecanismo de inicio. No podemos obrar nuestra propia expiación; sólo la revelación de Cristo puede hacerlo.

Hasta la misma fe es un don de Dios (Efe 2:8). "¿Cómo, pues, invocarán a aquel en el cual no han creído? ¿Y cómo creerán en aquel de quien no han oído? ¿Y cómo oirán sin haber quien les predique? … ¡Cuán hermosos son los pies de los que anuncian la paz, de los que anuncian buenas nuevas! … Así que la fe viene del oír; y el oír, por medio de la palabra de Dios" (Rom 10:14-17).

En el momento en que oyes el más tímido comienzo de esas buenas nuevas, toma la determinación de creerlas inmediatamente. Jamás lo dejes para más tarde.

El que sea fácil la salvación ¿significa que no tenemos ninguna batalla que luchar?

Tenemos una terrible batalla que luchar, pero no está en el terreno en donde habíamos supuesto que tendría que estar—el de la obediencia y las obras que no vemos la forma de realizar. La auténtica batalla tiene que ver con la incredulidad que tan profundamente arraiga en nosotros. Esa es la que Pablo llama "la buena batalla de la fe" (1 Tim 6:12).

¡Peléala! Ábrete camino a través de ese laberinto de tinieblas hasta la luz que brilla más allá. Si eso te lleva tiempo, será tiempo bien empleado. Aunque signifique horas, o hasta días de oración y ayuno, saldrás victorioso. Vale la pena luchar esa batalla. Si la rehúyes tendrás que enfrentar continuamente la convicción de tu pecado de incredulidad.

¡Necesito auxilio en esa batalla!

En la Biblia encontrarás la ayuda que precisas. David tuvo que luchar una y otra vez esa misma batalla. Lee sus Salmos. Elige creer, incluso cuando todo parece estar en tinieblas, y podrás decir con él: "Oh Jehová, ciertamente yo soy tu siervo, siervo tuyo soy, hijo de tu sierva; tú sueltas mis ligaduras" (Sal 116:16). Tus pies estarán entonces afirmados sobre la sólida Roca, y tu corazón entonará un cántico nuevo (40:1-4).

Pero toda esa "batalla" no significa que sea más difícil ser salvo que perderse, o más fácil perderse que ser salvo. Todos los ángeles del cielo están de tu parte; el Espíritu Santo contiende contra tu carne; Cristo es el Buen Pastor que te está buscando y procura llevarte a su Refugio seguro. Tienes constantes evidencias de su gracia. Todo ello hace que tu salvación sea fácil, si eliges creer.

Pero si eligieras lo contrario habrás de hacer frente a una agotadora lucha por asfixiar la convicción del Espíritu Santo. Habrás de acallar su constante súplica por evitar que crucifiques nuevamente a Cristo, *y eso ¡resulta difícil para todo corazón sincero!*

Necesitas comprender la verdad de que Dios el Padre, el Hijo y el Espíritu Santo, son tus amigos, no tus enemigos. Incluso si pasaste tu vida en las tinieblas, comienza ya a agradecer al Señor por la luz que eres todavía incapaz de ver, por las bendiciones que aún no puedes apreciar. Si Dios "llama las cosas que no son, como si fueran", es tiempo de que tú comiences a hacer lo mismo, creyendo en su palabra. La luz te está alumbrando ya, puesto que Cristo es "la luz verdadera, que alumbra a todo hombre que viene a este mundo" (Juan 1:9).

En el libro de Bunyan *El Progreso del Peregrino*, vemos a Cristiano en su camino hacia la ciudad celestial. Evangelista, con su dedo extendido, le pregunta "¿Ves allá a lo lejos aquella puerta?" Cristiano responde: "No la veo". Evangelista vuelve a preguntarle: "¿Ves allí aquella tenue luz?" Cristiano responde sabiamente, en nombre de todos nosotros, nacidos como fuimos en la incredulidad: "Creo verla". Evangelista le dice entonces: "Mantenla siempre ante tus ojos y llegarás a la puerta".

Si te cuesta divisar aquella luz, con seguridad habrá una zona en la que la oscuridad no sea tan densa como en el resto. "Mantenla siempre ante tus ojos" y llegarás a ver la luz.

Si Dios es nuestro amigo, ¿qué responderemos a la pregunta: 'mata Dios'? ¿Cómo ver esa cuestión?

No es un tema agradable de tratar (tampoco agrada a Dios). No ha de ser el centro de nuestra predicación, y trataremos de evitarlo en lo posible. Desde luego, podemos estar seguros de que nuestro Padre celestial no es un cruel tirano peor que Nerón, Hitler o Stalin, alguien sádico y vengativo hacia los desafortunados que hayan descuidado su preparación para entrar en la Nueva Jerusalem.

Pero tampoco nos entregaremos a tortuosos intentos de interpretar o contradecir la clara enseñanza de las Escrituras a propósito de que el Señor, en ciertas ocasiones, ha destruido a personas de forma ejecutiva, judicial. Las tales estaban en abierta e irreversible rebelión contra el plan de la salvación, y eran una maldición para ellas mismas y para los demás.

El carácter de Dios es el *agape*. Lo ha sido siempre, y siempre lo será. Pero eso no significa que no exista sentencia ejecutiva divinamente pronunciada sobre los malvados que no se hayan arrepentido finalmente. Ha de llegar un tiempo en el que les retire el don de la vida que despreciaron. La Biblia nos habla de Dios efectuando aquello que deseó evitar.

En un juicio tal, Dios no actuará aisladamente. Será ratificado por el universo entero (Apoc 16:5-7). El dejar de sostener a los malvados es para él una "extraña obra" (Isa 28:21). Sin embargo, no deja de ser una revelación más de su amor, ya que en nada beneficiaría el perpetuar la existencia de personas que viviesen solamente para cosechar miseria e infelicidad.

Los mensajeros de 1888 destacaron el carácter de amor de Dios, incluso al referirse a la suerte final de los perdidos:

> Por otra parte, la consumación de la obra del evangelio significa precisamente la destrucción de todos quienes hayan dejado de recibir el evangelio (2 Tes 1:7-10), ya que no es la voluntad del Señor preservar la vida a hombres cuyo único fin sería acumular miseria sobre sí mismos (A.T. Jones, *El Camino consagrado a la perfección cristiana*, 100).

El incrédulo que rechaza al Salvador, "ya ha sido condenado, porque no ha creído en el nombre del unigénito Hijo de Dios" (Juan 3:18). Está viviendo ya bajo el juicio.

Cuando Dios se ve obligado a retirar ese subsidio vital que los perdidos despreciaron de forma repetida y final, estos tienen que perecer. De hecho, para aquellos impenitentes, el enfrentarse a él en el juicio significará la autodestrucción, "porque nuestro Dios es un fuego consumidor" para el pecado (Heb 12:29). Por lo tanto, los que se aferraron al pecado, tal como hace una viña al árbol que le sirve de soporte, tienen que perecer junto con el pecado.

¿Nos proporciona Ellen White alguna ayuda al respecto?

Aunque no podemos citarlos todos, reproducimos algunos fragmentos en los que puede apreciarse su posición en armonía con lo expuesto anteriormente:

"Todo lo que el hombre siembre, eso también segará" (Gál 6:7). Dios no destruye a ningún hombre. Cada hombre que sea destruido se destruirá a sí mismo. Cuando una persona rechaza las amonestaciones de la conciencia, siembra las semillas de la incredulidad, y éstas producen una segura cosecha (*Nuestra elevada vocación*, 28).

Dios no asume nunca para con el pecador la actitud de un verdugo que ejecuta la sentencia contra la transgresión; sino que abandona a su propia suerte a los que rechazan su misericordia, para que recojan los frutos de lo que sembraron sus propias manos (*El Conflicto*, 40).

Dios ha declarado que el pecado debe ser destruido por ser un mal ruinoso para el universo. Los que se adhieren al pecado perecerán cuando este sea destruido (*Palabras de vida del gran Maestro*, 94).

¿Cómo tendrá lugar esa cosecha, o "destrucción"? Ellen White no se contradice. Lo que sigue da la clave para resolver aparentes contradicciones, y demuestra la perfecta armonía que caracteriza sus numerosas declaraciones:

Cristo dice: "Todos los que me aborrecen, aman la muerte". Dios les da la existencia por un tiempo para que desarrollen su carácter y revelen sus principios. Logrado esto, reciben los resultados de su propia elección. Por una vida de rebelión, Satanás y todos los que se unen con él se colocan de tal manera en desarmonía con Dios que la misma presencia de él es para ellos un fuego consumidor. La gloria de Aquel que es amor los destruye (*El Deseado*, 712-713).

¿Destruye, pues, Dios finalmente a los malvados en el día final?

Pablo declara que "la paga del pecado es muerte" (Rom 6:23), y una traducción alternativa sería: "El pecado paga su propio salario: la muerte". Si uno muere de cáncer de pulmón tras haber fumado durante años, ¿podríamos decir que Dios lo destruyó? En cierto sentido sí, puesto que son las leyes de Dios las que el fumador transgredió. Pero ciertamente, se ha destruido a sí mismo según la mejor comprensión del lenguaje humano.

En este tema, están fuera de lugar la controversia y los anatemas. Hay que ser cuidadosos con dividir congregaciones y desanimar a los hermanos. Podemos encontrar diez lugares en la Escritura que dicen que Dios endureció el corazón de Faraón, y otros diez que dicen que fue él quien endureció su propio corazón (Éxodo 8:15 y 32 y 9:12, etc.).

Si damos lugar al odio o el resentimiento, a propósito de ese u otros puntos controvertidos, podemos terminar autodestruyéndonos, ya que "todo aquel que aborrece a su hermano es homicida" (1 Juan 3:15).

¿Cómo encaja el arrepentimiento en la justificación?

La bondad de Dios está llevando ya al arrepentimiento a toda alma humana (Rom 2:4). Se trata de un maravilloso don de Dios (Hechos 5:31). Puesto que es el pecado lo que trae la infelicidad, miseria y vanos pesares, apartarse de ese pecado lleva indefectiblemente a la felicidad.

El hijo de Dios confiesa todo su pecado conocido, y disfruta hoy de la alegría de la salvación por la fe; pero mañana reconoce un nivel más profundo de pecado que hoy le era desconocido. Eso es la evidencia de que ha venido el Consolador, ya que su primera función es convencer de pecado (Juan 16:8). ¡Bendita obra! Si no nos señalase el pecado que hay en nosotros, habríamos de perecer finalmente con él. Mientras dura este gran Día de la Expiación, el Espíritu Santo avanza en esa obra.

"Donde el pecado abundó, sobreabundó la gracia" ... Entonces, cuando el Señor, mediante su ley, nos ha dado el conocimiento del pecado, en ese mismo momento la gracia es mucho más abundante que el conocimiento del pecado. Por lo tanto, no hay lugar para el desánimo ante la visión de los pecados, ¿no os parece? ... ¡Es el Consolador quien reprueba! Por lo tanto, ¿qué es lo que obtendremos del reproche de nuestro pecado? [Congregación: 'Consuelo'] (A.T. Jones, *General Conference Bulletin*, 27 febrero 1893, nº 18).

Y el proceso continúa durante toda la vida. En todo momento puntual hay un nivel de 'y tú no conoces que eres …' en la experiencia del corazón. "En cada paso que demos en la vida cristiana, se ahondará nuestro arrepentimiento" (*Palabras de vida del gran Maestro*, 125). Esa es la obra, en la tierra, que avanza paralelamente con la purificación del santuario en el cielo.

A primera vista se diría que esa no es una obra maravillosa, sino más bien una agonía sin fin…

Descubrir el destino final de una vida desperdiciada en el egoísmo y el pecado no tiene por fin el quedar sobrecogido y desanimado. Cuanto más cerca de Cristo vayamos, mayor arrepentimiento experimentaremos, pero Cristo también experimentó arrepentimiento en favor nuestro. El arrepentimiento se hace realidad, y significa verdadera paz y felicidad para el alma.

Vemos los pecados de los demás como los nuestros propios, de no ser por la gracia de Dios. Puesto que Cristo no pecó, sino que experimentó el arrepentimiento en favor de los pecados del mundo, el suyo tuvo necesariamente que tratarse de un arrepentimiento corporativo (ver Ellen White, *General Conference Bulletin*, 1901, 36). Jamás habremos confesado realmente nuestros pecados hasta reconocer que nuestra verdadera culpabilidad consiste en el pecado del mundo, del que únicamente nos libra la gracia de Cristo. Jamás podemos decir que seamos por naturaleza mejores que cualquiera de nuestros semejantes. Toda bondad que en nosotros pueda haber, deriva entera y únicamente de la que Cristo nos imputa.

¿Qué significa el perdón?

Para apreciarlo en su verdadera dimensión, debemos comprender su finalidad y el alcance del mismo. Una comprensión superficial de nuestro pecado no puede resultar más que en un perdón superficial, lo que a su vez producirá solamente una felicidad igualmente superficial. No nos valdrá en la hora de nuestra gran necesidad.

La palabra griega empleada para perdón significa quitar el pecado. Quien ha sido verdaderamente perdonado, odiará el pecado que se le perdonó. En inglés, la palabra perdón (*forgiveness*) da la idea de "cesión" (give for), o transferencia en favor de Alguien que cargó con el castigo del pecado.

Permitamos, pues, que el Espíritu Santo avance en su obra. No le impidamos o resistamos. Recibe el nombre de Consolador debido a que el conocimiento de nuestro pecado constituye ciertamente buenas nuevas consoladoras: significa que hay esperanza para nosotros.

Si estuvieses afecto de un cáncer del que no tuvieses conocimiento, quedarías condenado por el mismo. Pero si un médico competente te informa con veracidad, de manera que el tumor pueda serte inmediatamente extirpado a fin de salvarte la vida, ¿acaso no se trataría de buenas nuevas?

Recuerda que cuando el Consolador te convence de pecado es para que puedas aprender a comprender las necesidades del corazón de los demás. Está pronto a llegar el día en el que nuestras oraciones estarán centradas en los demás, incluso centradas en Cristo, más bien que centradas en mí o en nosotros. Habrá llegado por fin el día en el que oraremos verdaderamente 'en nombre de Jesús'.

Admitiendo que sea fácil ser salvos, ¿no es acaso fácil perder entonces nuestra salvación? Me resulta difícil ser constante en un programa devocional.

La justificación *siempre* tiene lugar "por la fe", nunca por las obras. Por lo tanto, la justificación por la fe no es "difícil de retener", como algunos piensan, a menos que resulte difícil creer.

Y la santificación tiene lugar "por la fe", tanto como la justificación. Algunos niegan tal cosa, pero el mismo Jesús lo reveló en pasajes como el de Hechos 26:18: "Para que reciban, por la fe que es en mí, remisión de pecados y suerte entre los santificados".

De manera que el problema vuelve al terreno de la fe. "Por lo tanto, de la manera que recibisteis al Señor Jesucristo, andad así en él" (Col 2:6). ¿Cómo lo recibimos? Por la fe. ¿Cómo, pues, hemos de andar en él, en lo sucesivo? Evidentemente, por la fe.

He oído que, si bien Cristo pone en marcha el proceso de despegue, nosotros debemos continuar volando por nosotros mismos, manteniendo una velocidad que mpida la caída del avión.

Los legalistas que había entre los Gálatas evidentemente creían que solamente la justificación inicial tenía lugar por la fe, debiendo después mantener la vida cristiana a base de buenas obras. Pablo les dijo sin rodeos: "¿Recibisteis el Espíritu por las obras de la ley, o por el oír de la fe? ¿Tan necios sois? ¿habiendo comenzado por el Espíritu, ahora os perfeccionáis por la carne?" (Gál 3:2-3).

Nuestra salvación no depende de que tomemos firmemente la mano de Dios, sino de que creamos que él está tomando la nuestra (Isa 41:10 y 13).

Sé que tengo que 'estudiar la Biblia, orar y dar testimonio' a fin de retener la salvación. Esas son precisamente las cosas que encuentro difícil hacer.

Es bueno leer la Biblia, orar y dar testimonio, pero la práctica de esas cosas, a modo de obras, no es la manera de retener la salvación. Si es cierto que Dios toma la iniciativa en nuestra salvación, es igualmente cierto que él mantiene esa misma iniciativa en lo sucesivo.

Dicho de otro modo, una vez comienzas la vida cristiana, el Señor no desaparece, tal como el vendedor de un vehículo después de consumarse la compra. Luchar por nosotros mismos nos produce desánimo y nos endurece el corazón.

El Buen Pastor sigue tomando la iniciativa, a la búsqueda de su oveja perdida. Llama aún a la puerta del corazón. Y "el que comenzó en vosotros la buena obra, la perfeccionará hasta el día de Jesucristo" (Fil 1:6). Jamás hemos de pensar que nuestro divino Amigo se haya vuelto indiferente hacia nosotros.

¿Cómo mantuvo Cristo, en su humanidad, la proximidad con su Padre? Él fue humano. Sus días tenían las mismas 24 horas que tienen los nuestros. Estuvo atareado, como lo podamos estar nosotros, y necesitaba dormir tanto como nosotros. Nos proporciona una sorprendente revelación a propósito de su vida devocional: era *el Padre quien mantenía la iniciativa*. Refiriéndose a su vida de oración y estudio de la Biblia, dice Jesús en la profecía:

> Jehová el Señor me
> dio lengua de sabios,
> para saber hablar
> palabras al cansado;
> despertará mañana tras mañana,
> despertará mi oído
> para que escuche como los sabios (Isa 50:4).

Su Padre le despertaba, mañana tras mañana, para que pudiese oír y aprender. El Señor promete alimento nutritivo para todos aquellos que "tienen hambre y sed de justicia" (Mat 5:6). Puesto que no hay más que un solo tipo de justicia (la que es por la fe), lo que el Señor está virtualmente diciendo es que una vida de más y más hambre de justicia por la fe, es una vida *bienaventurada*. Estás deseoso de saber más y más, y nunca satisfecho con lo que aprendiste ayer; no más de lo que te satisfacen hoy los alimentos que comiste ayer.

No comemos nuestro alimento cotidiano porque la Biblia nos diga que así tenemos que hacerlo, ni porque Ellen White nos lo diga. Comemos porque tenemos hambre. En ese sentido, el hambriento mendigo en un país pobre está en mucho mejor condición que un millonario tan enfermo que perdió totalmente el apetito. Los ministros del evangelio tenemos ahí un problema especial. Nos solemos conformar fácilmente con aquello que aprendimos en los colegios y seminarios, o con lo que aprendimos preparando el sermón hace una semana.

La Biblia expone ante nosotros un Padre celestial, un Salvador y un Espíritu Santo llenos de ferviente amor, deseosos de comunicarse con nosotros. Nos invitan continuamente a acudir a su "cena", pero desde luego, si no tenemos hambre, no querremos ir.

¿Cómo obtener esa hambre y sed?

El Señor las da a quienes oyen y creen las buenas nuevas. Querrás más y más, como cuando pruebas algo delicioso al paladar. No tendrás que castigarte con la alarma del despertador, ni tampoco habrás de forzarte a leer o a orar, ni a ninguna otra "obra".

No nos resulta difícil convertir un programa devocional en "obras". Charles Wesley escribió muy sabiamente el himno que lleva por título: "Jesus, Lover of my soul", incluso aunque la Iglesia de Inglaterra se escandalizó por ese concepto. El Señor es el Amante divino de tu alma. Es imposible evitar ese amor. Nunca te dejará; te persigue, te busca, te llama. Cada gota de su sangre derramada por ti en el Calvario, lo firma con letras rojas.

Pero observemos cómo respondía Jesús a la iniciativa cotidiana de su Padre, quien le despertaba "mañana tras mañana" para enseñarle:

> El Señor, el Eterno, me abrió el oído,
> y no fui rebelde
> ni me volví atrás (Isa 50:5).

¡Cuán a menudo hemos sido rebeldes y hemos desoído su llamar a nuestra puerta, en las mañanas! A veces ha sido porque nos quedamos la noche anterior viendo aquel programa de televisión, de tal manera que nos privamos del debido descanso y nos hacemos insensibles a sus llamados. ¡Esa es una de las razones por las que la Escritura declara que el día comienza con la salida del sol!

El propósito del mensaje de la justicia de Cristo dado en 1888 es precisamente despertar en nuestras almas esa hambre y sed. El evangelio es el pan de vida, y una vez lo has probado, desearás siempre "comer" de él sin que nada te haya de forzar a hacerlo: ¡buenas nuevas de gran gozo! Es extraordinario estar siempre hambriento y sediento de ellas. Los entretenimientos y diversiones mundanos, los deportes, la televisión, los propósitos vanos, la posesión y la compra compulsivas, todos ellos pierden su encanto falaz cuando "gustas" el evangelio en su pureza. Muchos dan hoy testimonio de que su alma experimentó esa hambre al oír o leer las verdades del mensaje de 1888.

¿Y si lo intentamos, pero no llegamos a sentir ese "hambre"?

Lo anterior no significa que nunca haya un lugar para la "alimentación forzosa". Una persona gravemente enferma puede requerir temporalmente el aporte de nutrientes por vía intravenosa. Pero esa, desde luego, no es la forma más sana de vivir. Y nunca podemos esperar obtener salud mediante el consumo de cápsulas y pastillas, en lugar del alimento saludable. Cinco o diez minutos de lectura forzada y apresurada de la Biblia, junto a alguna oración esporádica y casual, no constituyen el alimento espiritual adecuado.

Cuando enfermas, ¿no te tomas un día sin ir al trabajo o a la escuela, a fin de mantenerte en cama y recuperarte? ¿Por qué no dedicar un día entero al ayuno y oración? No buscas al Señor como si estuviese tratando de esconderse de ti, sino tomándote el tiempo para apreciar la forma en la que él te está buscando.

Eso es a lo que se refiere Isaías, al decir: "Buscad a Jehová mientras puede ser hallado, llamadle en tanto que está cercano" (55:6). No está escondiéndose de ti, sino que "está cercano" (el término hebreo que se ha traducido por "buscad", significa averiguar, prestar atención. Puedes ver un ejemplo de su uso en 1 Sam 28:7).

Cree confiadamente que el Señor cumplirá la promesa que te hace. Él dice ser "galardonador de los que le buscan" (Heb 11:6). Una vez más, tu parte consiste en creerlo.

Tengo un problema con el mensaje del tercer ángel de Apocalipsis 14:9-11. Se supone que habría de consistir en buenas nuevas de "justicia por la fe", pero a mí me da la impresión de ser nuevas aterradoras

Sí, parece haber un aterrador "fuego y azufre" impregnando el mensaje del tercer ángel de Apocalipsis 14:9-11. Muchos jóvenes creer ver allí un cuadro desgarrador de pecadores sin esperanza retorciéndose día y noche en el tormento. Para empeorar las cosas, los "santos ángeles" y Jesús mismo parecen alegrarse al presenciar esa agonía humana sin precedentes.

¿Cuál es la ofensa principal de esa gente agonizante, según Ellen White? Da la impresión de que es simplemente haber confundido un día de adoración por otro. ¿Puede ser eso así? Esto es lo que dice el mensaje del tercer ángel:

> Si alguno adora a la bestia y a su imagen, y recibe la marca en su frente o en su mano, él también beberá del vino del furor de Dios, que ha sido vertido puro en el cáliz de su ira; y será atormentado con fuego y azufre delante de los santos ángeles y en presencia del Cordero; y el humo de su tormento sube por los siglos de los siglos. Y no tienen reposo de día ni de noche los que adoran a la bestia y a su imagen, ni nadie que reciba la marca de su nombre.

En apariencia eso llega a muchas personas como un llamamiento que apela al miedo. No hay ni una palabra ahí a propósito de la gracia, ninguna mención de la cruz o del amor de Dios; hasta la misma compasión parece estar ausente, ya que el "furor de Dios" se vierte puro, sin mezcla de misericordia.

Y todo ese enojo celestial parece estar causado por la simple cuestión de la observancia de ... ¡un día, en lugar de otro!

El problema más grave que la juventud tiene con ese texto, es la impresión que se llevan de los "ángeles santos" y Jesús, presidiendo lo *que perciben como* una sesión de tortura. Aunque podamos rechazar tal impresión con piadosa indignación, sigue habiendo gente que ve de esa forma el pasaje bíblico referido.

Para quienes ven luz en el mensaje de 1888 de la gracia sobreabundante, se añade un problema más: ¿cómo pudo Ellen White identificar esa aparente escena de terror, con el evangelio? Para ella, "el mensaje del tercer ángel en verdad" es "muy precioso" (*Review and Herald*, 1 abril, 1890). Por temor a enfrentar ese desafío, muchos pastores han dejado de presentar el "mensaje del tercer ángel".

¿Cómo se relaciona ese mensaje del tercer ángel con el evangelio de la justicia por la fe?

¿Podemos encontrar ayuda en la misma Biblia?

(1). El tercer ángel no lleva por sí mismo un mensaje aislado. Viene precedido por otros dos ángeles, y ese tercero "los siguió". El primero de ellos hace su aparición, teniendo el "evangelio eterno para predicarlo a los que habitan sobre la tierra". Por lo tanto, las buenas nuevas tienen que estar en el mensaje del tercer ángel, tanto como en el del primero.

(2). "El sello de Dios" es el puro evangelio, en contraposición con "la marca de la bestia". Juan relaciona el sello de Dios en Apocalipsis 7:1-4 con el triple mensaje angélico del capítulo 14, ya que ambos pasajes se refieren a un grupo de gente denominado "los 144.000". El profeta comprende que no hay manera en la que un grupo tal pueda estar preparado para resistir "sin mancha delante del trono de Dios" a menos que el "evangelio eterno" de la gracia sea finalmente comprendido y proclamado en su plenitud.

(3). La "marca de la bestia" no es una calamidad o crisis que Dios trae sobre la tierra. No podemos imaginar tal cosa de Dios. Según Apocalipsis 13, es el diablo quien la trae, a modo de obra cumbre de la historia humana de la rebeldía. El cielo no puede evitarla. Ninguno de los horrores que la profecía predice son lo que Dios va a traer; él nos está advirtiendo de aquello a lo que va a llevar inevitablemente el curso de acción del hombre.

(4). El mensaje del tercer ángel dice al mundo que la rebelión del hombre ha de llegar a su fin. En un contexto de misericordia, ese mensaje tiene por fin la preparación de un pueblo para enfrentar esa crisis.

(5). Pero ese pueblo no puede estar preparado, de no ser por una revelación sin precedentes de las dimensiones plenas del "evangelio eterno", ya que solamente ese "evangelio … es poder de Dios para salvación". Si es que hay una manifestación final de la plenitud del pecado del hombre, tiene que haber también un despliegue pleno y final de la gracia para hacerle frente. Por lo tanto, el verdadero mensaje de los tres ángeles no es otra cosa que el evangelio.

Lo que ello implica es la presentación más clara y poderosa de las buenas nuevas que jamás haya alumbrado la tierra, ya que ha de llevar a cabo una obra de gracia que nunca antes ha tenido lugar. Nunca antes estuvo preparado un grupo como el de "los 144.000" para resistir la acometida final de la tentación de Satanás, estando listo para la traslación sin ver muerte.

(6). Esa gente sin esperanza que sufre el tormento no es culpable de una falta trivial consistente en la simple confusión de un día de adoración por otro. El asunto del sábado y el domingo significa la diferencia entre haber sido leales a Cristo, o haberse puesto de parte de su enemigo que ha representado la falsificación de Cristo. Ese enemigo ministrará igualmente un falso "espíritu santo".

El tema no tiene nada que ver con algo parecido a celos, por parte de Cristo. Cuando la gente elige ser fiel a Satanás está invitando realmente al sufrimiento y la muerte, para sí y para los demás. Si se le permitiese perpetuarse, el pecado sabotearía el universo entero y traería la ruina y el caos a la civilización cósmica del cielo, como ha hecho ya en considerables proporciones en nuestro planeta. El pecado es rebelión contra Dios y alta traición contra su gobierno.

(7). El gobierno de Satanás arruinará la tierra. Fomentará el amor hacia uno mismo, con el orgullo y arrogancia que lo acompañan. El sello de Dios es la marca de la cruz, la experiencia del yo crucificado con Cristo, mediante la apreciación de su amor revelado allí. La marca de la bestia es lo opuesto: la insignia de la devoción al interés egoísta, una reacción del corazón baja e instintiva contra el amor puro. Es la señal del colapso final de toda semblanza de orden o seguridad en la tierra. Hoy nos resulta imposible imaginar las escenas de horror que ese "tiempo de angustia" final ha de traer.

(8). Todos los que reciben la "marca de la bestia" se implicarán en una recrucifixión de Cristo en la persona de sus santos. Al final del tiempo tendrá lugar, de una parte, el despliegue de la plena depravación del pecado de la humanidad, mientras que por otra parte se dará la plena revelación de la justicia del Dios de amor (*agape*). El mensaje del tercer ángel define el asunto y cataliza a toda la humanidad en esos dos grupos.

Obviamente, significa mucho más de lo que hemos asumido superficialmente. Así debe ser, pues Ellen White afirmó:

> No hay sino pocos, de entre aquellos que pretenden creerlo, que comprendan el mensaje del tercer ángel, y sin embargo, es el mensaje para este tiempo ... Dijo mi guía: "Hay mucha luz que tiene todavía que brillar a partir de la ley de Dios y el evangelio de justicia. Este mensaje, comprendido en su verdadero carácter y proclamado en el Espíritu, llenará la tierra con su gloria" (MS 15, 1888; *The Ellen G. White 1888 Materials*, 165-166).

¿No parece como si Dios se hubiese "extralimitado" en ese pasaje?

Consideremos más de cerca el lenguaje original. Nos da una impresión muy diferente a la de un Dios airado. Algunos términos griegos han sido traducidos de tal manera que sugieren ese carácter implacable. Sin embargo, debidamente comprendidos, nos proporcionan buenas nuevas:

(a). El "furor de Dios" es *thymos*, una palabra que denota celo o pasión, más que furor. Por ejemplo, *thymos* se emplea en el mensaje del segundo ángel para describir el "furor de su fornicación" (de Babilonia). ¿Solemos imaginar la fornicación como una explosión de furor? No: la asimilamos más bien a la indulgencia de una pasión incontrolada.

La versión 'Dios habla hoy' traduce así el versículo 8: "¡Cayó, cayó la gran Babilonia, la que emborrachó a todas las naciones con el vino de su pasión inmoral!" Babilonia ha emborrachado a las naciones con la pasión incontrolada de su adulterio espiritual. El tercer ángel "siguió" luego a esa nueva expansión de la maldad, diciendo que Dios no puede dejar de reaccionar en consecuencia con el celo de su justa indignación. Cristo murió para redimir a los habitantes del mundo, y resulta que Babilonia está arruinando al mundo. Eso presenta a Dios en una luz deferente.

(b). El cáliz de su "ira" es *orge*, palabra de la que deriva "orgía". Una vez más, la noción no es tanto "ira" como pérdida o abandono de freno o restricción. No es que Dios albergue el más mínimo resentimiento contra esos desdichados pecadores. Él experimenta una reacción divina, amante y totalmente justa ante la maldad del pecado que produce dolor y muerte en ese mundo que él hizo perfecto. Su respuesta última de carácter judicial ante el pecado es tanto un acto del amor agape de Dios, como lo fue el sacrificio de Cristo por el pecado.

La divina respuesta tiene que brotar por fin libre de restricción, dado que los malvados tomaron su decisión final en favor del pecado y sus trágicas consecuencias. La decisión divina los sorprende procurando destruir a su pueblo, la expresión corporativa de la Esposa de Cristo.

(c). La descripción de los perdidos siendo atormentados "delante de los santos ángeles y en presencia del Cordero" es enopion (delante de) en el original griego, compuesto de en y ops: literalmente, a la vista de sus ojos. La idea no es que el cielo se goce de alguna manera en ver su tormento, tal como hacían los inquisidores ante la contemplación de un *auto da fe*. El "tormento" de los que reciben la marca de la bestia *es totalmente autoinfligido*.

En Apocalipsis 6:16 se presenta a los impíos procurando esconderse "del rostro del que está sentado sobre el trono". En el capítulo 14, la aparición de ese rostro 'a la vista de sus ojos' es lo que ocasiona el "tormento". No es un miedo al dolor y el castigo como el que siente el esclavo ante la expectativa del látigo de su amo, sino la aguda condenación de sentir por fin la plena realidad de su culpabilidad, en contraste con la total justicia del Cordero a quien han despreciado y ultrajado.

Ellen White comenta cómo ver el rostro de Jesús y oír su voz significará tormento para los impíos:

> Los impíos piden ser sepultados bajo las rocas de las montañas, antes que ver la cara de Aquel a quien han despreciado y rechazado.

> Conocen esa voz que penetra hasta el oído de los muertos. ¡Cuántas veces sus tiernas y quejumbrosas modulaciones no los han llamado al arrepentimiento! ¡Cuántas veces no ha sido oída en las conmovedoras exhortaciones de un amigo, de un hermano, de un Redentor! Para los que rechazaron su gracia, ninguna otra podría estar tan llena de condenación ni tan cargada de acusaciones, como esa voz que tan a menudo exhortó con estas palabras: "Volveos, volveos de vuestros caminos malos, pues ¿por qué moriréis? ... Esa voz despierta recuerdos que ellos quisieran borrar, de avisos despreciados, invitaciones rechazadas, privilegios desdeñados ... En vano procuran esconderse de la divina majestad cuya presencia sobrepuja el resplandor del sol (*El Conflicto*, 700 y 725).

Correctamente comprendido, "el mensaje del tercer ángel en verdad" prepara al pecador que se arrepiente para permanecer en pie 'a la vista de sus ojos', "delante de los santos ángeles y en presencia del Cordero" sin temor, vergüenza, ni culpa. Tal es la medida última de su gracia. Una iglesia mundial y el mundo mismo, están esperando oír este mensaje en su plenitud.

Capítulo 3

Cuestiones sobre Cristo
manifestado en carne

He oído decir que no importa lo que uno crea sobre la naturaleza de Cristo. ¿Es así?

Permitiremos que uno de los mensajeros de 1888 responda a esa cuestión. Waggoner señala la importancia capital de que veamos a Cristo tal como él es realmente. Así comienza el primer libro que publicó tras la Asamblea de Minneapolis, mostrando la prominencia de ese componente del mensaje:

> En el primer versículo del tercer capítulo de Hebreos leemos una exhortación que comprende todo mandato dado al cristiano. Es ésta: "Por lo tanto, hermanos santos, participantes del llamado celestial, considerad al Apóstol y Sumo Sacerdote de la fe que profesamos, a Jesús". Hacer esto tal como indica la Biblia, considerar a Cristo continua e inteligentemente tal como él es, lo transformará a uno en un cristiano perfecto, puesto que "contemplando somos transformados" (E.J. Waggoner, *Cristo y su justicia*, 5).

¿Cuál fue la posición de los mensajeros de 1888 sobre la naturaleza humana de Cristo?

Ambos comprendieron que Cristo tomó sobre su naturaleza impecable, la naturaleza caída, pecaminosa, del hombre. Siendo así, pudo ser tentado en todo como lo somos nosotros; pudo vencer a Satanás, condenar al pecado en la carne, y puede "venir en auxilio" para salvarnos cuando somos tentados. Sin embargo, no pecó (Heb 2:14-18 y 4:15). Nunca se puso en duda la plena divinidad de Cristo. Ese no fue un tema sometido a discusión.

¿Por qué fue esa comprensión tan esencial para el mensaje?

Era tan esencial porque el mensaje presentaba a Cristo como al "Salvador que está cercano, a la mano; no alejado", tal como Ellen White declaró. Su idea del evangelio constituía buenas nuevas gloriosas de un

Salvador poderoso *para salvar del pecado* y para preparar un pueblo para la venida del Señor.

Su enseñanza implica que si Cristo hubiese tomado solamente la naturaleza humana impecable que tenía Adán antes de la caída, habría podido ser el Salvador de Adán, pero nosotros, sus hijos e hijas caídos, careceríamos de la seguridad de que él puede *salvarnos del pecado*.

Por el contrario, comprendiendo claramente que Cristo tomó una naturaleza humana idéntica a la nuestra, y que fue tentado en todo como lo somos nosotros, pero sin pecar, podemos esperar la victoria "así como yo [Cristo] he vencido". El pecado deja de ser el monstruo todopoderoso que (como muchos parecen creer) venía "demostrando" que Dios estaba equivocado. Es un asunto de capital importancia en el conflicto de los siglos.

Tanto Jones como Waggoner comprendieron que la gran controversia no puede resolverse simplemente mediante el pago de una deuda en términos penales por parte de Cristo, y sustituyendo desde el punto de vista legal nuestro continuo pecar. Su pueblo ha de vencer como él venció.

¿Cómo respondieron los mensajeros de 1888 a la acusación de que esa idea significaba el "perfeccionismo"?

Waggoner respondió así a la cuestión:

> No os hagáis una idea equivocada. No vayáis a pensar que vosotros y yo llegaremos alguna vez a ser tan buenos como para poder vivir independientemente del Señor; no soñéis con que este cuerpo sea convertido. Si así lo hacéis, caeréis en grave quebranto y pecado abyecto … Cuando el hombre alberga la idea de que su carne es impecable y que todos sus impulsos vienen de Dios, está confundiendo su carne pecaminosa con el Espíritu de Dios. Está sustituyendo a Dios por él mismo; está poniéndose en el lugar de él, lo que constituye la esencia misma del papado (E.J. Waggoner, *General Conference Bulletin*, 1901, 146).

> Este cuerpo mortal, pecaminoso, contenderá por el dominio por tanto tiempo como estemos en este mundo, hasta que venga Cristo y haga incorruptible esto corruptible, e inmortal esto mortal. Pero Cristo tiene poder sobre toda carne, y así lo demostró cuando vino en semejanza de carne de pecado y condenó al pecado en la carne; y así, cuando vivimos conscientemente por la fe de Cristo, cuando él está en nosotros mediante su propia vida, viviendo en nosotros, reprime el pecado y venimos a ser dueños; la carne deja entonces de ser la dueña (*Id.*, 223).

¿Cómo vino esta visión de la naturaleza de Cristo a traducirse en algo cotidiano, en piedad práctica?

Proporcionó al pecador esperanza de que la gran controversia entre Cristo y Satanás podría llegar a su fin, que el pecado está verdaderamente 'condenado en la carne', que el pueblo de Dios puede vencer, que el Señor puede tener un pueblo que le honre en estos últimos días. La postura católica y protestante prevalente afirma que, por tanto tiempo como el ser humano siga teniendo una naturaleza pecaminosa, no puede vencer verdaderamente el pecado. Pero por otra parte se nos amonesta continuamente a no pecar. De esa forma se somete al alma a una tensión continua que conduce invariablemente al desánimo y al temor de que no alcancemos nunca la medida, o a la presunción de que es imposible vencer, y por lo tanto, que es aceptable seguir pecando.

La comprensión de 1888 presenta a Cristo luchando nuestra batalla cuerpo a cuerpo. No lo presenta "exento" del combate real, tal como pretende insistentemente la proposición contraria. Tal comprensión fue la que causó un gozo tan singular en Ellen White, tras oírla por vez primera.

Jones la expresó en estos términos:

> Veis, pues, que la conversión no pone carne nueva en el antiguo espíritu, sino un nuevo Espíritu en la vieja carne. No se trata de traer carne nueva a la antigua mente, sino una mente nueva a la antigua carne. La liberación y la victoria no se ganan eliminando la naturaleza humana, sino recibiendo la naturaleza divina, para dominar y subyugar a la humana. No se obtienen al quitar la carne de pecado, sino al enviar el Espíritu sin pecado, que conquista y condena al pecado en la carne.
>
> La Escritura no dice: 'Haya pues en vosotros esta *carne* que hubo también en Cristo', sino que dice: "Haya pues en vosotros este sentir [*mente*] que hubo también en Cristo Jesús" (Fil 2:5).
>
> La Escritura no dice: 'Transformaos por la renovación de vuestra *carne*', sino: "Transformaos por la renovación de vuestra *mente*" (Rom 12:2). Seremos finalmente trasladados por la renovación de nuestra carne, pero debemos ser transformados por la renovación de nuestra mente (Lecciones sobre la fe, 52).

Algunos dicen que la naturaleza de Cristo no formaba parte de las presentaciones en la sesión de la Asociación General de 1888 en Minneapolis. ¿Disponemos de evidencia en uno u otro sentido?

Hay evidencia inequívoca de que sí formaba parte:

(a). Waggoner presentó esa comprensión en sus artículos en Signs of the Times, a partir del 21 de enero de 1889. Posteriormente fueron publicados casi sin modificaciones en el libro Christ and His Righteousness (Pacific Press, 1890) [en castellano: Cristo y su justicia]. A duras penas tuvo el tiempo de regresar de Minneapolis a Oakland, California, para tener a punto el artículo del 21 de enero listo para ser publicado, a menos que lo escribiese en el período de la Asamblea de Minneapolis o inmediatamente después. L. E. Froom refiere que en su entrevista con la viuda de Waggoner, esta le informó de que ella misma había tomado a mano sus presentaciones en Minneapolis, las había transcrito, y constituyeron la base de esos artículos (Froom, *Movement of Destiny*, 200-201).

(b). En 1887 Waggoner, en respuesta al libro de G. I. Butler titulado *La ley en Gálatas*, escribió El evangelio en Gálatas. No lo publicó sino hasta poco antes de la Asamblea de 1888, proporcionando a cada delegado un ejemplar del mismo. En él articula claramente esa comprensión de la naturaleza humana de Cristo (p. 60-64).

El hecho de que W. C. White no incluyese en sus notas a mano, en Minneapolis, ninguna mención al respecto, no prueba lo contrario, pues esas notas distan mucho de ser un informe completo.

(c). La pregunta se contesta realmente sola, ya que tanto Jones como Waggoner continuaron enseñando esa comprensión durante la década siguiente a 1888. Las continuas declaraciones de apoyo, por parte de Ellen White, se extienden hasta 1896 e incluso hasta 1897.

¿Reconoce la Asociación General la posibilidad de la comprensión de 1888 sobre la naturaleza humana de Cristo?

Desde la Asamblea de Palmdale, en 1976, la Asociación General ha reconocido que ambas posiciones sobre la naturaleza de Cristo son aceptables en la iglesia. Al respecto hay miembros de la Asociación General a favor de una y otra posición. Algunos se oponen enérgicamente a la posición de 1888; otros la proclaman abiertamente. Nadie puede negar la libertad de otro para exponer su comprensión sobre el tema.

Así pues, la Asociación General otorga libertad a quienes aceptan la comprensión del mensaje de 1888, en la confianza de que el Espíritu Santo resolverá las diferencias a medida que avanzamos juntos en este tiempo tan cercano al fin. Hay ciertas evidencias de que esa unidad ha comenzado a fraguarse.

¿Fue Cristo tentado desde el interior tal como lo somos nosotros? ¿O fue solamente tentado desde el exterior tal como Adán en el Edén?

Las Escrituras dicen que fue "tentado en todo según nuestra semejanza, pero sin pecado" (Heb 4:15). ¿Cómo somos tentados? Del interior y del exterior. Jesús dio frecuentes indicaciones de haber sido tentado del interior, lo mismo que nosotros (Juan 5:30; 6:38; Mat 26:39). La negación del yo era para él una necesidad. Afirmó que a fin de cumplir la voluntad de su Padre, tenía que negar la suya propia. Así es como llevó la cruz durante toda su vida en la tierra.

Por el contrario, Adán, en su estado inmaculado, no fue tentado de esa manera. No conoció esa lucha interior para negar el yo, puesto que en su inocencia estaba en armonía natural con Dios. No tenía necesidad de llevar ninguna cruz. Fue tentado solamente "desde el exterior".

En 1894, Ellen White publicó un librito titulado *Cristo, tentado como nosotros*. En la página 11 dice específicamente que nuestras tentaciones más fuertes vienen del interior, y que Cristo fue tentado también de ese modo. La confusión se produce si dejamos de distinguir entre tentación y pecado. Cristo demostró que es posible no pecar, a pesar de ser tentado.

Algunos dicen que 1 Juan 4:2-3 no tiene nada que ver con el tema de la naturaleza de Cristo, sino que se refiere al gnosticismo de los días de los apóstoles. ¿Cómo comprendieron los mensajeros de 1888 la advertencia de Juan?

Echemos un vistazo al texto:

En esto conoced el Espíritu de Dios: todo espíritu que confiesa que Jesucristo ha venido en carne, procede de Dios; y todo espíritu que no confiesa que Jesucristo ha venido en carne, no procede de Dios; y este es el espíritu del anticristo, el cual habéis oído que viene, y que ahora ya está en el mundo.

Tanto Jones como Waggoner comprendieron que esa advertencia se aplica a la doctrina católica romana sobre la naturaleza de Cristo, así como a la enseñanza equivalente protestante popular de que Cristo tomó solamente la naturaleza (o carne) impecable de Adán, tal como existía antes de la entrada del pecado.

El dogma de la inmaculada concepción de María declara que cuando María fue concebida en la matriz de su madre, tuvo lugar un milagro que la hizo exenta de heredar la naturaleza o carne caída, pecaminosa, que es común a la raza humana. Así, en su caso resultó rota la cadena de la herencia, de manera que no viniese a ser "de la simiente de David según la carne". De esa manera, la virgen pudo pasar a su Hijo una naturaleza o carne impecable, singular, diferente a la del resto de la humanidad. El predicador católico Fulton Sheen explica que es necesario "desolidarizar" a María de la raza humana, de tal manera que Cristo pueda a su vez ser separado de nosotros. A la luz de 1 Juan 4:1-3, ¿hace eso pensar en algo?

¿Por qué es tan importante esa doctrina para el catolicismo romano?

Hemos visto que ese dogma significa que el Hijo de María, Jesús, también queda "exento" de la herencia genética de todo el género humano, y toma solamente una naturaleza (o carne) impecable. La idea que subyace está enraizada en la doctrina del "pecado original", que declara que si una persona posee naturaleza pecaminosa, le es imposible dejar de pecar.

Bastará un poco de reflexión para ver que el fin de esa idea es simplemente justificar el pecado. Si hay verdaderamente una gran controversia que se está desarrollando entre Cristo y Satanás, ese dogma es un voto en favor del enemigo de Cristo. Y eso es precisamente lo que Juan dice: es la insignia del anticristo. Descubre la esencia del argumento en la gran controversia entre Cristo y Satanás, en la que el "cuerno pequeño" de Daniel 7 y 8 tiene un protagonismo tan marcado. La acusación primaria de Satanás consiste en que los seres humanos que poseen por naturaleza carne pecaminosa, no pueden obedecer realmente la ley de Dios (*El Deseado*, 15, 16).

Una breve reflexión mostrará igualmente que ese es precisamente el tema central de la gran controversia.

¿Qué dijeron Jones y Waggoner específicamente sobre 1 Juan 4:2-3? [Responde Jones]

Según la opinión de la Iglesia Católica y el dogma de la inmaculada concepción, la naturaleza de María fue tan diferente a la del resto de la humanidad, tanto más sublime y gloriosa que la del resto de las naturalezas, [que estaba] infinitamente más allá de toda semejanza o relación reales con la humanidad ...

De ello se deduce necesariamente ... que en su naturaleza humana, el Señor Jesús es muy diferente de la humanidad ... infinitamente más allá de toda posible semejanza o relación con nosotros, tal como estamos en este mundo ...

Pero ... las Escrituras dicen que "no está lejos de cada uno de nosotros" (Hechos 17:27) ... el Señor Jesús ... tomó nuestra naturaleza en la carne y la sangre, en la precisa manera en la que esta existe ... Habiendo visto cómo el papado coloca a Cristo tan alejado del hombre como le sea posible, será bueno comprobar cuán cercano al hombre está realmente [cita Hebreos 2, 4]...

Negar eso, negar que Jesucristo vino, no simplemente en carne, sino en la carne, en la única carne que existe en este mundo, carne pecaminosa, negar eso es negar a Cristo [cita 1 Juan 4:1-3] ... por lo tanto, ese es el espíritu del anticristo.

Ese artículo se publicó en la Review and Herald en 1894, bajo el título *La inmaculada concepción de la bendita virgen María* (p. 11-12). Las declaraciones de Ellen White de apoyo más entusiasta y categórico hacia el mensaje de Jones tuvieron lugar precisamente en 1894, 1895 y 1896 (ver, como ejemplo, *The Ellen G. White 1888 Materials*, 1240-1255). Apoyó las presentaciones de Jones, Waggoner y Prescott sobre la naturaleza de Cristo de una forma asidua y específica.

Es imposible negar que la posición católica sobre la naturaleza de Cristo contradice la Escritura, y es la piedra angular de la gran apostasía. Waggoner estuvo en completo acuerdo con Jones:

¿Fue Cristo, aquello santo que naciera de la Virgen María, nacido en carne pecaminosa? ¿Nunca habéis oído la doctrina católico romana de la inmaculada concepción? ¿Sabéis en qué consiste? Algunos de vosotros habéis supuesto quizá que significa que Cristo nació impecable. El dogma católico no dice eso en absoluto. La doctrina consiste en que María, la madre de Jesús, nació impecable. ¿Por qué? Aparentemente para magnificar a Jesús; pero en realidad, es la obra del diablo al establecer un abismo entre Jesús, el Salvador de los hombres, y los hombres que vino a salvar, de tal manera que uno y otro no pudiesen comunicarse (*General Conference Bulletin*, 1901, 404-406).

¿Hay relación entre ese dogma católico y la posición popular de las iglesias evangélicas?

Tanto Jones como Waggoner respondieron afirmativamente: hay relación entre la posición popular protestante y la del romanismo, en cuanto a la comprensión de la naturaleza de Cristo.

La suya no fue una posición extrema o irrazonable. Todos sabemos cómo la doctrina sostenida por los protestantes a propósito del falso día de reposo es una herencia directa de la Iglesia Católica Romana (así como del paganismo). Lo mismo sucede con la tan extendida doctrina de la inmortalidad natural del alma. No es de extrañar que la comprensión popular de los evangélicos sobre la justicia por la fe esté también infiltrada por el concepto católico romano.

En respuesta a esa cuestión, Waggoner comentó lo siguiente:

> Cada uno de nosotros está en necesidad de establecer si está fuera de la iglesia de Roma o no ... ¿No veis que la idea de que la carne de Jesús no fue como la nuestra (puesto que sabemos que la nuestra es pecaminosa) implica necesariamente el concepto de la inmaculada concepción de la virgen María?...
>
> Es realmente extraño que nos cueste tanto venir al más sencillo ABC del evangelio (*Id.*).

Si 1 Juan 4:1-3 tiene relación con el dogma católico romano, debe asimismo aplicarse a toda enseñanza que pretenda negar que Cristo, en su encarnación, tomó la carne caída y pecaminosa que es común a la humanidad. (El término empleado para referirse a "carne" es *sarx*, que en el Nuevo Testamento se refiere a la carne caída y pecaminosa que posee todo ser humano).

Algunos de nuestros predicadores prominentes han ridiculizado la comprensión de 1888 sobre la naturaleza de Cristo, afirmando que eso nos convierte en el hazme-reír de las iglesias evangélicas. ¿Por qué apoyó Ellen White ese mensaje, si es merecedor de tal ridículo?

Muchas veces el ridículo es más difícil de sobrellevar que la persecución física declarada. El apóstol Pedro se creyó suficientemente fuerte como para soportar la oposición, sin embargo cedió rápidamente y negó a su Señor al ser expuesto al ridículo por una muchacha. Pero el ridículo no puede anular la verdad.

La comprensión de 1888 sobre la naturaleza de Cristo puede ser ridiculizada por los evangélicos, pero también lo es la verdad del sábado y la del santuario, que es "el fundamento de nuestra fe". Seríamos muy poco sabios si abandonáramos una verdad por la mera razón de que algunos opositores la ridiculizan.

Tan pronto como Ellen White oyó el mensaje de 1888 de la naturaleza de Cristo, se puso firme y valientemente de parte de lo que reconoció como la verdad. Tanto ella misma como A.G. Daniels escribieron que en Minneapolis tuvo que mantenerse "casi sola". Si bien nos urge a ser "cuidadosos, extremadamente cuidadosos" en cómo nos referimos a la naturaleza humana de Cristo, dio su aprobación inequívoca a las presentaciones de Jones y Waggoner.

En este, como en todos los demás temas, la cuestión importante es: ¿qué dice la Biblia?

¿Fue la comprensión de Jones y Waggoner sobre la naturaleza de Cristo algo nuevo que ellos descubrieron?

Según Ellen White, la encontraron en la Biblia. Ignoramos si lo leyeron de otros autores de épocas anteriores o no. Pero Harry Johnson, un teólogo metodista de la Universidad de Londres, encontró evidencia de que a lo largo de los siglos ha existido una minoría de estudiosos y reformadores que creyeron esa verdad, frecuentemente al precio de sufrir intensa persecución por ello. Su tesis doctoral fue publicada bajo el título, *The Humanity of the Savior* (Epworth Press, London, 1962).

Estos son algunos de los citados por Johnson: Gregorio de Nyssa (330-395 AC), Félix de Urgel (f. 792), Antoinette Bourignon (1616-1680), Peter Poiret (1646-1719), Christian Fende, Johann Konrad Dippel (1673-1734), Gottfried Menken (1768-1831), Hermann Friedrich Kohlburgge (1803-1875), Edward Irving (1792-1834), Erksine of Linlathen (1788-1870), Johan Christian Konrad von Hofmann (1810-1917) y Karl Barth. Hay uno más que no cita Johnson: J. Garnier, autor de una obra en dos volúmenes titulada *The True Christ and the False Christ* (Londres: George Allen, 1900). Garnier expuso las implicaciones teológicas de la teoría de la naturaleza impecable, y demostró que constituye el cumplimiento de la advertencia del apóstol en 1 Juan 4.

Mezgebe A. Berthe, un estudiante del Seminario Teológico de la Universidad de Andrews, cita a otros que Johnson olvidó: Cirilo de

Alejandría, Orígenes, Gregorio Nazianzan, San Hilario, Victorino Afer, Ambrosio, el obispo Gregorio de Elvira y Anselmo de Canterbury (*The Sinful Human Nature of Christ*, manuscrito no publicado).

Todos esos eruditos distaron mucho de articular claramente ese concepto neotestamentario en su plenitud, como distaron de comprender plenamente las profecías de Daniel y Apocalipsis, pero hicieron declaraciones que van en la dirección de esa verdad.

¿En la actualidad rechazan todos los evangélicos, sin excepción, la comprensión de que Cristo tomó nuestra carne caída, pecaminosa?

No, ciertamente. El hecho es que algunos teólogos prominentes están aproximándose más y más a la comprensión de Jones y Waggoner, simplemente como resultado de una mayor profundización en el estudio de la Biblia. Dice Harry Johnson:

Se está comenzando a tomar en serio la humanidad de Jesús. Coincidimos plenamente con lo señalado por D. M. Baillie: "Se puede afirmar con certeza que la práctica totalidad de los teólogos y estudiosos toman hoy la humanidad de nuestro Señor con más seriedad de lo que nunca antes se hiciera por los teólogos cristianos" (*The Humanity of the Saviour*, 201).

Teólogos evangélicos están comenzando a reconocer también que la inmortalidad natural del alma no es una verdad bíblica. Baillie emplea casi la misma terminología que utilizó Waggoner en 1895 para señalar la incongruencia de la teoría de la naturaleza impecable, afirmando que la iglesia, en los tiempos pasados:

…estaba continuamente perseguida por un docetismo que convertía a la naturaleza [humana] de Cristo en muy diferente a la nuestra, y que la explicaba ciertamente en gran medida en términos de simulación, de algo que 'se parece', más bien que de una realidad (*Id.*, original sin cursivas).

Waggoner declaró, refiriéndose a la comprensión habitual de Romanos 8:3:

Es común la idea de que eso significa que Cristo simuló la carne pecaminosa; que no tomó sobre sí la auténtica carne de pecado, sino que solamente lo *aparentó*. Pero la Escritura no enseña tal cosa (*Carta a los Romanos*, 156; original sin cursiva).

¿Qué factores han llevado a esos eruditos modernos a aproximarse a esa comprensión?

La respuesta ha de ser: el estudio de la Biblia. Con respecto a la naturaleza humana de Cristo, la Biblia es tan clara como con respecto al sábado del séptimo día. De hecho, todo cuanto uno tiene que hacer es permitir que pasajes como los siguientes hablen por ellos mismos sin necesidad de comentarios ni rodeos: Juan 5:30 y 6:38; Rom 8:3-4 y 15:3; Mat 26:39; Efe 2:14-15; Col 1:21-22; Heb 2:9-18 y 4:15; Apoc 3:21, etc.

Algunos de esos modernos teólogos que han llegado virtualmente a una comprensión similar a la presentada por nuestros mensajeros de 1888, son: Andrew Bandstra, Oliva A. Blanchette, Dietrich Bonhoeffer, Vincent P. Branick, C.E.B. Cranfield, Oscar Cullman, James D.G. Dunn, Francis T. Fallon, Victor Paul Furnish, David G. George, Florence Morgan Gillman, Roy A. Harrisville, Jean Hering, Morna D. Hooker, Ernst Kasemann, Richard J. Lucien, Reinhold Niebuhr, Anders Nygren, Alfred Plummer, H. Ridderbos, John A.T. Robinson, Martin H. Scharlemann, J. Schneider, J. Weiss, Charles A. Scott, Robin Scroggs, Robert H. Smith, David Somerville, James S. Stewart, y Harold Weis (ver Berhe, *op. cit.*).

¿Significa eso que los que figuran en esa impresionante lista de teólogos están enseñando claramente el mensaje de 1888?

No. Hay que decir que no todos esos eruditos sostienen consistentemente la posición de los mensajeros de 1888. Se puede apreciar que están frecuentemente debatiéndose con la idea. Pero Berhe ha recopilado declaraciones de ellos que muestran claramente cómo la honestidad les ha llevado a veces a reconocer esa verdad. Hay otros conceptos del mensaje de 1888 que evidentemente muy pocos, si es que alguno, ha llegado a comprender.

¿Están las iglesias evangélicas aceptando la posición de esos teólogos a propósito de la naturaleza de Cristo?

En general, las iglesias evangélicas no enseñan lo que esos teólogos están en camino de reconocer. Si la comprensión de 1888 merece ser objeto de ridículo, significaría que los teólogos antes nombrados merecen lo mismo. Pero está claro que la dirección en la que muchos de ellos se están moviendo es hacia una comprensión similar a aquella que "en su gran misericordia el Señor [nos] envió"[1] hace un siglo.

---

1. Expresión empleada por Ellen White para referirse a los mensajeros en 1888 (ver *Testimonios para los ministros*, 91).

No hay razón alguna para condenar esa comprensión, basándose en el temor a nuestros hermanos guardadores del domingo. Si tenemos el valor para predicar ese mensaje de la justicia de Cristo, muchos evangélicos lo comprenderán y aceptarán con gozo, facilitando así que reconozcan la verdad del sábado. Quizá los Adventistas del Séptimo Día hayamos sufrido un retraso terrible en ese punto, con respecto a los más perspicaces estudiosos de la Biblia en nuestra era.

Hay ciertamente una acuciante y extendida necesidad del "mensaje del tercer ángel en verdad". ¿Acaso no bendecirá el Espíritu Santo su proclamación?

Usted presenta el concepto de 1888 sobre la naturaleza de Cristo. Dado que existe una oposición enérgica al mismo, ¿no puede producir división?

Las claras declaraciones bíblicas, los comentarios de Ellen White y las palabras mismas de los mensajeros de 1888 no son causantes de división. La contención y división proceden de aquellos que condenan lo que tan claramente constituye el corazón del verdadero mensaje de 1888.

Otros se sienten con el derecho a mantener sus propios puntos de vista y merecen toda libertad religiosa para proclamarlos de la forma que crean más conveniente. No intentamos silenciarlos; tenemos confianza en que como resultado del diálogo franco y abierto basado en una información completa y fidedigna, la iglesia pueda llegar a la verdad.

Si ese "preciosísimo mensaje" de 1888 constituye en realidad un error y Ellen White pecó de una cándida insensatez al apoyarlo de la forma en que lo hizo, que los que a él se oponen presenten con claridad las razones para rechazarlo. Pero no debieran silenciar el mensaje sin haber presentado clara evidencia bíblica en contra.

¿Es la naturaleza de Cristo una cuestión menor que debiera dejarse de lado en aras de la unidad de la iglesia?

El Nuevo Testamento presenta la naturaleza de Cristo como algo tremendamente importante, como es fácil comprobar al leer Mat 1:23; Luc 1:35; Juan 5:30 y 6:38; Mat 26:39; Rom 1:3 y 8:3-4; Efe 2:15; Col 1:21-22; Heb 2:9-18 y 4:15; 1 Juan 4:1-3, etc.

Ellen White declaró que "la humanidad del Hijo de Dios lo es todo para nosotros" (*Youth Instructor*, 13 octubre 1898). Los mensajeros de 1888 la consideraron como la piedra angular de su mensaje.

¿No es una falta de respeto hacia Cristo, afirmar que fue tentado como nosotros? ¡Somos tentados a hacer cosas terribles!

La Biblia dice que fue tentado como nosotros "en todo" (Heb 4:15). Podemos saber, por ejemplo, que fue tentado a consumir drogas, ya que nadie puede haber sido tentado más intensamente que él a aliviar su sufrimiento en la cruz, sin embargo, rehusó la droga que se le ofrecía (Mat 27:34). La tentación no es en sí misma el pecado. El pecado tiene lugar al ceder a la tentación, y Cristo no cedió jamás.

Si existe algún pecado que los hombres sean tentados a cometer, al que Cristo no hubiese sido tentado, en ese respecto el pecador puede sentir que no tiene Salvador, pues "como él mismo padeció al ser tentado, es poderoso para socorrer a los que son tentados" (Heb 2:18). "Al que no conoció pecado, por nosotros lo hizo pecado" (2 Cor 5:21). En la cruz se cumplió hasta su plenitud esa terrible realidad. Comprendió la plenitud de la maldad del pecado del hombre.

Dirigiéndose a un joven que era tentado como lo son los jóvenes, Ellen White escribió: "Le presento al gran Ejemplo ... Él hizo frente y resistió a las tentaciones de Satanás, tanto como cualquiera de los hijos de la humanidad ... Tenía la fortaleza de su virilidad. Una vez, Jesús tuvo la edad que usted tiene ahora. Jesús pasó por las circunstancias por las que usted pasa ahora. Tuvo los pensamientos que usted tiene en este período de su vida, y él no puede pasarlo por alto a usted en este período crítico ... Está familiarizado con las tentaciones que usted tiene" (*Nuestra elevada vocación*, 57). ¿Qué sentido podría tener la frase "hizo frente y resistió a las tentaciones ...", si no fue realmente tentado como nosotros?

¿Es posible observar algún progreso hacia la unidad?

Estamos demasiado cercanos a los árboles como para poder apreciar claramente el bosque. Más importante que el juicio de un hombre cualquiera es la seguridad bíblica de que, a medida que nos aproximamos al tiempo del fin, el pueblo de Dios se unirá. La verdad unifica; el error divide. Día tras día, sin cesar, el conocimiento de la verdad está trayendo convicción a los corazones doquiera en toda la iglesia.

Es animador saber que en el desarrollo final de la gran controversia entre Cristo y Satanás, la verdad emergerá plenamente triunfante. Por lo tanto, tenemos todas las razones para confiar.

¿Cómo se relaciona el concepto neotestamentario de "en Cristo" con la humanidad de nuestro Salvador?

Debido a que "en Adán todos mueren" (1 Cor 15:22), Cristo debió tomar la naturaleza caída de Adán a fin de ser cualificado como "postrer Adán". De haber tomado la naturaleza impecable que tuvo Adán antes de la caída, no habría podido ser nuestro auténtico Sustituto, ni tampoco hubiese podido morir a fin de redimirnos.

A fin de salvar a los caídos hijos e hijas de Adán tuvo que hacer una inmersión en el seno corporativo de la humanidad caída, tomar la naturaleza y mortalidad de ella sobre sí, vivir entonces la vida impecable que la ley exige, someterse a ser hecho "pecado por nosotros" y morir la muerte que la ley quebrantada requiere. ¡Tiene que haber una razón por la que Jesús se refería continuamente a sí mismo como el Hijo del hombre! Había de participar de la "carne y la sangre", de la naturaleza de "los hijos" de Adán (2 Cor 5:21; Heb 2:9-14).

De igual forma en que "todos los hombres" están legalmente incluidos en un hombre: "Adán", también están todos en Un Hombre: Cristo. Su vida y su muerte son corporativamente nuestras, en beneficio de la raza humana. Nuestro pecado "lo hizo" el suyo, a fin de que nosotros pudiésemos ser "hechos" justicia de Dios en él. Esa unión se hace efectiva mediante un cambio del corazón y la vida, cuando creemos.

Por lo tanto, la justificación por la fe, tal como la presenta la Biblia, está estrechamente relacionada con la humanidad de Cristo. Dejar de apreciar tal cosa es distorsionar el evangelio mismo.

Capítulo 4

Cuestiones sobre la historia del mensaje de 1888

¿Pertenece el "mensaje de 1888" a la época de los carros de bueyes y de las lámparas de carburo?

Aquella oscura Sesión de la Asociación General de hace un siglo sería hoy absolutamente desconocida—el número de delegados no llegaba al centenar—de no ser por un acontecimiento inolvidable. Ellen White lo resume así:

> En su gran misericordia el Señor envió un preciosísimo mensaje a su pueblo por medio de los pastores Waggoner y Jones. Este mensaje tenía que presentar en forma más destacada ante el mundo al sublime Salvador, el sacrificio por los pecados del mundo entero. Presentaba la justificación por la fe en el Garante; invitaba a la gente a recibir la justicia de Cristo, que se manifiesta en la obediencia a todos los mandamientos de Dios (*Testimonios para los ministros*, 91, 92)

Ese mensaje era "el comienzo" de la tan prometida lluvia tardía y del fuerte pregón de Apocalipsis 18 (*Special Testimonies for Ministers and Workers*, serie A, nº 6, 19; *Review and Herald* 22 noviembre 1892; Letter B2A, 1892). Nunca se ha dado una repetición de esas bendiciones escatológicas, ya que en tal caso se habría desencadenado la rápida sucesión de los eventos del fin.

El Pentecostés constituyó el principio de la "lluvia temprana" que regó las almas de incontables miles desde los días de los apóstoles. Pero las declaraciones citadas señalan al mensaje de 1888 como constituyendo el comienzo de la manifestación final de lo que tuvo su inicio en Pentecostés. Ciertamente, un hecho solemne.

La historia relativa a cómo vino el mensaje, cómo fue recibido (o rechazado) y cuál es su contenido, fascinará a todo adventista hasta que se complete la comisión evangélica. Ha venido a significar un acontecimiento épico de importancia sin parangón, algo similar a la venida del Mesías a los judíos, hace 2000 años. Éstos nunca han vuelto, desde entonces, a ser los mismos. Y tampoco la Iglesia Adventista desde 1888. El Espíritu Santo no permitirá que esa historia quede enterrada.

He oído decir que el mensaje de 1888 en realidad se desconoce, ya que nadie registró los mensajes de Jones y Waggoner en la asamblea de Minneapolis. ¿Pudiera ser en vano todo ese interés en torno al mensaje de 1888?

Hay evidencia de que el mensaje fue registrado. Se trata del mensaje que Ellen White continuó apoyando de forma entusiasta, desde 1888 hasta 1896 e incluso 1897. Jamás limitó sus recomendaciones a lo que fue brevemente presentado en Minneapolis. Por lo tanto, el auténtico mensaje no ha "desaparecido".

Se cuentan por cientos las declaraciones de apoyo de Ellen White que es posible encontrar en el libro de 1.821 páginas (en cuatro tomos), publicado por The White Estate: *The Ellen G. White 1888 Materials*. Ellen White nunca sugirió que Jones y Waggoner se hubiesen desviado entre 1886 y 1896. Numerosos artículos de *Review and Herald* y *Signs of the Times* contienen igualmente ese mensaje en su continuidad y progreso. El suponer que Dios nos otorgó una bendición tan inmensa, para permitir que se perdiese después hasta el punto de que nos resulte irrecuperable, constituye un insulto al carácter de Dios.

Hay opiniones encontradas acerca de cómo fue recibido el mensaje hace un siglo. Algunos dicen que fue aceptado, otros que fue rechazado. ¿Es posible conocer los hechos?

Los hechos son argumentos incontestables que los seres humanos razonables y sinceros no pueden negar. Los hechos concernientes a 1888 pueden clasificarse en tres áreas: la historia de cuanto sucedió, el contenido del mensaje mismo y el testimonio de Ellen White.

Puesto que los Adventistas del Séptimo Día creemos que el Señor capacitó a Ellen White para ejercer el don profético, su análisis de lo sucedido ha de merecer un crédito superior al de las opiniones de aquellos en quienes no existía la manifestación de ese don especial. No es suficiente con la sabiduría común de sus contemporáneos.

En innumerables ocasiones declaró enfáticamente que el mensaje fue rechazado, no por la iglesia en pleno, sino por los dirigentes de sus días. Podemos encontrar algunos ejemplos en *Mensajes selectos,* vol. I, 276 y *Testimonios para los ministros*, 63–81 y 89–98.

Con respecto al contenido mismo del mensaje, su análisis objetivo demuestra que no ha sido todavía recuperado. Abundaremos en ello a medida que consideremos las cuestiones sucesivas.

¿Por qué es tan importante el tema de 1888? ¿No podemos avanzar, olvidando el pasado?

Los judíos no pueden ignorar la historia de Jesucristo y continuar como si nada hubiera sucedido. Perdieron algo cuando rechazaron a Cristo, y nosotros también al rechazar el mensaje de 1888. Lo que perdimos fue "el mensaje del tercer ángel en verdad" (*Review and Herald*, 1 abril 1890). Cuando José y María perdieron al niño Jesús en una distracción, de regreso de la Pascua en Jerusalem, tuvieron que volver en su búsqueda.

No solamente hemos de recuperar lo que perdimos; además tenemos que aprender la lección a fin de no repetir otra vez el mismo error. Jorge Santayana dijo que "la nación que desconoce su historia está condenada a repetirla" (*Saturday Evening Post*, 27 setiembre 1958). Ken Burns, renombrado investigador de temas relacionados con la guerra civil en Estados Unidos, dijo: "El gran pecado de arrogancia del presente consiste en olvidar las lecciones del pasado" (*American Heritage*, setiembre–octubre 1990). Alemania no puede ignorar olímpicamente el Holocausto y continuar como si nada hubiera ocurrido.

El Dios del cielo honró a la Iglesia Adventista del Séptimo Día encomendándonos la custodia del mensaje de Apocalipsis 18. Ese mensaje tenía que haber alumbrado la tierra con su gloria y ser el mensaje final del evangelio. Es doloroso para los judíos recapacitar sobre Jesús de Nazaret; para la nación Germánica es doloroso pensar en el Holocausto; y para nosotros es también doloroso considerar 1888. Sin embargo, es necesario.

Si elegimos abandonar el papel que el cielo nos asignó como pueblo, entonces podemos olvidar 1888 y proseguir descuidadamente nuestro propio camino, procurando mantener nuestro status quo.

Pero si queremos desempeñar el papel que el cielo nos asignó para las horas finales de la historia de la tierra, entonces es imprescindible que recuperemos lo que perdimos.

¿Cuáles son los hechos respecto a si el mensaje fue aceptado o rechazado en 1888?

Escritores sinceros han pretendido que fue aceptado, y que se lo ha venido proclamando clara y poderosamente desde entonces. Si eso es así, hay ciertas cuestiones embarazosas que exigen respuesta:

• ¿Por qué la iglesia es en general tibia, más de cien años después de haber aceptado "el comienzo" de la lluvia tardía y el fuerte pregón?

• ¿Por qué no se ha completado la comisión evangélica y se ha preparado un pueblo para la segunda venida de Cristo?

• ¿Por qué no ha regresado el Señor?

Si el mensaje fue "el comienzo" del fuerte pregón de Apocalipsis 18, entonces algo no ha funcionado, pues aquí estamos un siglo después, cuando sabemos que el fuerte pregón tenía que propagarse "como fuego en el rastrojo" (*Review and Herald*, 15 diciembre 1885). Miles de personas, musulmanes e hindúes incluidos, siguen en la total ignorancia respecto a una comprensión inteligente del "mensaje del tercer ángel en verdad". Tampoco en el mundo cristiano ha tenido ningún impacto significativo.

En el año 1893, Ellen White dijo que si el mensaje se hubiera aceptado, la comisión evangélica podría haberse completado (*General Conference Bulletin* 1893, n° 19, 419; *GCDB* 28 febrero 1893).[1] Algunos consideran que fue ingenua al considerar esa posibilidad antes de la era de la televisión, los aviones y las computadoras. Pero no deben olvidar que el "evangelio … es poder de Dios para salvación". Muchos israelitas incrédulos debieron dudar que David pudiera abatir a Goliat con unas piedras y una honda, y sin embargo lo hizo. Muchos debieron también dudar que Gedeón y sus trescientos pudieran derrotar a los Madianitas, pero así ocurrió.

La pregunta que encabeza esta sección puede responderse de forma clara y concisa:

(1) *La historia.* La investigación histórica demuestra que la mayoría de los delegados de la Asamblea en 1888 rechazaron el mensaje. Existe registro documental de sus propias confesiones al respecto.

En 1926 el expresidente A.G. Daniells declaró que hasta entonces el mensaje no había sido nunca verdaderamente recibido ni proclamado (el haber tomado prestados los conceptos evangélicos, desde aquella época,

---

1. "El Señor dispuso que el mensaje de advertencia e instrucción dado por el Espíritu a su pueblo se esparciera por doquier. Pero la influencia que surgió a partir de la resistencia a la luz y la verdad en Minneapolis tendió a dejar sin efecto la luz que Dios había dado a su pueblo mediante los Testimonios. … No es la oposición del mundo lo que hemos de temer, sino que son los elementos que obran entre nosotros mismos los que han obstaculizado el mensaje … Si cada soldado de Cristo hubiera cumplido su deber, si cada centinela en los muros de Sión hubiera dado a la trompeta un sonido certero, el mundo habría podido oír ya antes de ahora el mensaje de advertencia. Pero la obra lleva años de retraso. ¿Qué informe se podrá dar a Dios por retardar de ese modo la obra?"

no ha llenado el vacío). En 1988, el Dr. Arnold Walenkampf (Instituto de Investigación Bíblica) publicó *Lo que todo Adventista debería saber sobre 1888*, donde declara llanamente que los dirigentes rechazaron el mensaje e "insultaron" al Espíritu Santo. La revista Ministry publicó en febrero de 1988 un artículo del mismo tenor, escrito por el Dr. Robert Olson (White Estate).

El año en que se celebró el centenario de 1888 supuso un reconocimiento general de ese aspecto. Ningún teólogo responsable se atrevería hoy a mantener la postura de los autores de las décadas pasadas, quienes creían que el mensaje había sido aceptado.

Sin embargo, eso no equivale a decir que el mensaje fue *completamente rechazado*. Unos pocos en Minneapolis lo creyeron, y desde entonces siempre ha habido unos pocos que lo han apreciado. Pero el testimonio de Ellen White es consistente, en el sentido de que "muchos" lo rechazaron y "pocos" lo aceptaron. Y los "muchos" fueron los que dirigían el ministerio en la denominación. De ahí nuestros largos años de vagar por el desierto, como el antiguo Israel antes de entrar en la tierra prometida.

(2) *La teología.* Los libros, manuscritos y artículos aparecidos subsiguientemente a 1888, escritos por aquellos delegados que rechazaron el mensaje, pueden ser examinados de forma objetiva. Si bien todos ellos profesaban creer "la doctrina de la justicia por la fe", el contenido teológico de sus escritos demuestra que no proclamaron los elementos distintivos de ese "preciosísimo mensaje" que "el Señor envió".

Por ejemplo, es bien patente que el principal opositor, Uriah Smith, mantuvo su oposición hasta su muerte en 1903. Sin embargo insistía en que él siempre había creído en la justificación por la fe. Muchos estuvieron de acuerdo con él en su oposición. Sus escritos desde 1888 hasta 1903 demuestran que nunca aceptó el mensaje. Cuando se suscitó una controversia en 1906–1907 en relación con los dos pactos, la mayoría de los dirigentes de nuestra Casa Editora y Asociación General optaron por defender la posición mantenida por los opositores al mensaje de 1888. Incidentes como ese dan fe de una oposición que no cesó.

Dijo Ellen White que incluso en el caso de que los hermanos que se oponían se arrepintiesen de haber rechazado el mensaje (lo que pocos de ellos hicieron por completo), no podrían ya jamás recuperar lo que perdieron (Carta 77, 9 enero 1893; *The Ellen G. White 1888 Materials*, 125). Tal pérdida se hace evidente al leer sus escritos posteriores. Hacia el cambio de siglo, virtualmente nadie estaba proclamando el mensaje, con excepción de los tres que originalmente lo hicieron: Jones, Waggoner y Ellen White.

(3) *El testimonio de Ellen White.* En muchísimos lugares, quizá en cientos de ellos, Ellen White declara que el mensaje de 1888 que "en su gran misericordia el Señor envió", fue "rechazado en gran medida" por nuestros hermanos, y ese rechazo continuaba en 1901. El que sigue es uno de los innumerables ejemplos:

> Una y otra vez traje mi testimonio a los congregados [Minneapolis, 1888] de forma clara y enérgica, pero ese testimonio no fue recibido. Cuando regresé a Battle Creek ... ni uno siquiera ... tuvo el valor de ponerse de mi parte y ayudar a que el pastor Butler comprendiera que él, lo mismo que otros, habían tomado posiciones equivocadas ... El prejuicio del pastor Butler fue aún mayor tras haber oído los diversos informes procedentes de nuestros hermanos ministeriales reunidos en esa asamblea de Minneapolis (Carta U3, 1889; *The Ellen G. White 1888 Materials*, 251).

> Durante casi dos años hemos estado urgiendo a la gente a que venga y acepte la luz y la verdad concernientes a la justicia de Cristo, pero no saben si venir y aferrarse a esa preciosa verdad o no ... Nuestros hombres jóvenes miran a los mayores, y al ver que no aceptan el mensaje sino que lo tratan como si fuera irrelevante, los que ignoran las Escrituras resultan influenciados a rechazar la luz. Esos hombres que rehúsan recibir la verdad se interponen entre el pueblo y la luz (*Review and Herald*, 11 y 18 marzo 1892).

> Debiéramos ser los últimos entre todos los hombres en ceder, aún en el menor grado, al espíritu de persecución contra aquellos que están llevando el mensaje de Dios al mundo. Esa es la característica más terriblemente anticristiana que se ha manifestado entre nosotros desde la reunión de Minneapolis (Carta 25b, 1892; *The Ellen G. White 1888 Materials*, 1013).

> ¿Quién, de entre aquellos que desempeñaron una parte en el encuentro de Minneapolis, ha venido a la luz y recibido los ricos tesoros de la verdad que el Señor envió del cielo? ... ¿Quién ha hecho plena confesión de su celo equivocado, de su ceguera, celos y suposiciones impías, de su desafío a la verdad? Ni uno ... (Carta B2A, 1892; *The Ellen G. White 1888 Materials*, 1068).

> En Minneapolis ... fue resistida la luz que ha de alumbrar toda la tierra con su gloria, y en gran medida ha sido mantenida lejos del mundo por el proceder de nuestros propios hermanos (*Mensajes Selectos*, vol. I, 276; 1896).

Aunque hubo breves reavivamientos por el ministerio combinado de Ellen White, Jones y Waggoner durante 1889 y 1890, predominó finalmente la oposición procedente de Battle Creek. La última de las declaraciones citadas (escrita en 1896), es concluyente.

Pero eso no significa que la iglesia se encuentre en un estado desesperado de apostasía. Es posible el arrepentimiento, y el Señor Jesucristo nos llama al mismo (Apoc 3:19). El Israel moderno necesita reconsiderar el significado de su historia y aprender sus lecciones, como los antiguos israelitas tras décadas de vagar por el desierto hubieron de hacerlo antes de entrar en la tierra prometida. Hemos llegado al tiempo en el que ha de tener lugar un "Deuteronomio" antitípico.

Se hace difícil aceptar que los dirigentes adventistas de hace un siglo pudieran manifestar una actitud comparable a la de los judíos hacia Cristo. ¡Parece increíble!

Las siguientes son solamente unas pocas, entre las muchas declaraciones similares que Ellen White hizo:

> Los que resistieron al Espíritu de Dios en Minneapolis [1888] esperaron la ocasión para volver a transitar otra vez el mismo terreno, ya que el espíritu fue el mismo … Todo el universo celestial fue testigo del trato ignominioso dado a Jesucristo, representado por el Espíritu Santo. Si hubiera estado ante ellos, lo hubieran tratado en una manera similar a como los judíos trataron a Cristo (*Series A*, No 6, p. 20, 16 enero 1896; *The Ellen G. White 1888 Materials*, 1478).[2]

> Si rechazáis a los mensajeros designados por Cristo, rechazáis a Cristo (*Testimonios para los ministros*, 97).

¿Hay peligro de que exponer la verdad de esa historia pueda debilitar la confianza en los dirigentes de la iglesia?

De cualquier forma, es inevitable que la iglesia—y también el mundo— termine por conocer la plena verdad. Dijo Abraham Lincoln: "Podéis engañar a algunos todo el tiempo; también podéis engañar a todos por algún tiempo; pero no podréis engañar a todos durante todo el tiempo".

---

2. Ver declaraciones similares en MSS 9, 15, 1888; *Through Crisis to Victory*, 292, 297 y 300; MS 13, 1889; *Review and Herald*, 4 y 11 de marzo, y 26 de agosto de 1890; 11 y 18 de abril de 1893; *Testimonios para los ministros*, 64, 65 y 75–80. Ver también *The Ellen G. White 1888 Materials*, 529, 530. En una ocasión comparó el rechazo del mensaje de 1888 con la rebelión de Coré, Dathán y Abiram (Id., 600).

Antes o después será conocida la verdad de esa historia. No se ha podido ocultar al mundo la historia judía.

Si los dirigentes reconocen la verdad de nuestra historia, nada impedirá que el pueblo deposite en ellos su confianza, pues nadie supone que los seres humanos hayan de ser perfectos o infalibles. El arrepentimiento es todavía posible, y la iglesia apoyaría una actitud de sincero arrepentimiento. Lo que puede minar la confianza es que los dirigentes intenten negar los hechos históricos obvios, intenten negar su responsabilidad y rechacen el llamamiento de Cristo al arrepentimiento.

La Biblia relata íntegramente la cruda historia del pueblo de Dios sin ningún tipo de encubrimiento de los errores de los dirigentes. Reconocer nuestras equivocaciones de hace un siglo no tiene por qué desacreditar en absoluto a nuestros dirigentes actuales. Eso iluminaría los rincones ocultos de nuestra comprensión de por qué el tiempo se ha demorado tanto, cuando la venida del Señor se esperaba ya hace un siglo. "Conoceréis la verdad, y la verdad os hará libres", dijo Jesús a los judíos de sus días. Sus palabras se aplican igualmente a nuestro dilema actual de tratar de explicar por qué el Señor no ha intervenido para poner fin a las agonías inacabables de este planeta. Su vindicación y honor están en juego.

Se hace difícil creer que los dirigentes de la iglesia rechazaran el comienzo del derramamiento de la lluvia tardía tras haber orado durante décadas por el mismo. ¿Cómo pudieron hacer tal cosa?

Por la misma razón por la que los judíos rechazaron a su Mesías, al que sin embargo habían esperado desde hacía unos mil años. Ellen White declara que consistió en el mismo pecado de incredulidad.

Tal incredulidad es el fenómeno secular. Hizo que los dirigentes judíos fallaran en reconocerle cuando era un bebé, en aquel humilde pesebre de Belén, mientras que los pastores y sabios de Oriente sí lo reconocieron. Durante su ministerio en circunstancias de privación, los orgullosos judíos no creerían, ya que la fe requiere siempre humildad del corazón.

Ellen White declaró que nuestro auténtico problema en 1888 y años sucesivos fue ese misterioso pecado de la incredulidad, el orgulloso amor al yo:

> Si a los rayos de luz que brillaron en Minneapolis se les permitiera ejercer su poder de convicción sobre aquellos que tomaron posición contra la luz … podrían tener una rica experiencia; pero el yo dijo: "No". El yo no

estuvo dispuesto a ser herido, sino que luchó por la supremacía … El yo y la pasión desarrollaron características detestables (Carta O19, 1892; *The Ellen G. White 1888 Materials*, 1030).

Más tarde añadió que ese increíble "yo" fue lo que procuró "derribar la enseñanza del Espíritu Santo" (*Testimonios para los ministros*, 70; 1896). Nosotros compartimos hoy la misma humanidad que ellos tenían. No somos mejores que ellos. Nos las hemos de ver con ese mismo problema, y tropezaremos una y otra vez a menos que aprendamos la lección.

Se nos dice que la auténtica obra de la justificación por la fe consiste en abatir en el polvo la gloria del hombre, y hacer por él lo que este no puede hacer (*Review and Herald*, 16 setiembre 1902). Esa es la acción de la fe sobre el corazón humano.

> *Al contemplar la gloriosa cruz do murió el Príncipe de gloria*
>
> *Reputo mis ganancias por pérdida y aborrezco mi orgullo*

En contraste, la incredulidad alimenta el orgullo personal, profesional y denominacional (Hab 2:4). Así sucedió en 1888.

¿Estamos cometiendo hoy el mismo error que hace un siglo?

Dado que nuestra naturaleza humana es la misma que la de nuestros predecesores, nos resulta imposible escapar a la comisión del mismo error, a menos que hayamos aprendido la lección del pasado. Para los judíos de hoy en día es imposible no cometer el mismo error de sus antepasados—quienes rechazaron a Cristo—a menos que reconozcan y aprendan la lección de su historia. La naturaleza humana sigue siendo la misma a través de las diversas generaciones, y desplegará de forma inevitable sus características a menos que se experimente un sincero arrepentimiento.

Durante décadas, el mundo Adventista del Séptimo Día ha desconocido la plena verdad sobre nuestra historia de 1888, debido a que tal período ha sido sistemáticamente esquivado o tergiversado. La errónea visión popular sobre el mismo reviste dos aspectos:

(a) La falsa suposición de que el mensaje de 1888 fue recibido, y por lo tanto, hoy es nuestra segura posesión. Tal ha sido un error muy popular, ya que significa minimizar el pecado de aquellos que lo rechazaron, minimizando a su vez el pecado de nuestra persistencia en el rechazo.

(b) La falsa pretensión de que el mensaje consistió en una enfatización de las enseñanzas de los reformadores del siglo XVI y también de los evangélicos de nuestros días. Tal cosa ha fomentado la mentalidad de 'ser ricos, y estar enriquecidos ... y no tener necesidad de nada'. El orgullo goza de gran popularidad.

Esos dos errores tan extendidos harían inevitable que hoy se repitiese un rechazo similar en el caso de que la providencia divina permitiese que el mensaje fuese recuperado y presentado nuevamente en su frescura. Esos dos errores tan extendidos harían inevitable que hoy se repitiese un rechazo similar.

Sin embargo, Cristo murió por la redención de su iglesia. Su gracia obrando en los corazones humanos, los purifica del amor al yo e imparte una sinceridad que hará que la verdad sea reconocida y confesada, al ser presentada.

Dado que la verdad sobre nuestra historia de 1888 ha comenzado a publicarse oficialmente desde 1988, es seguro que va a tener lugar un cambio. La publicación, por parte del White Estate, de todos los escritos de Ellen White sobre ese período histórico, es un paso en la buena dirección (1.821 páginas en cuatro volúmenes). El Espíritu Santo ha bendecido siempre su testimonio. Todo cuanto necesita el sincero pueblo de Dios a fin de poder abrir sus corazones para recibir el don divino del arrepentimiento, es el pleno conocimiento de esa verdad. Hay signos esperanzadores de que no va a quedar por siempre oculta.

La oposición se levantará sin duda, incluso en formas insospechadas; tiene que haber un zarandeo. Pero en la batalla final entre la verdad y el error, Dios tendrá un pueblo para quien sólo la verdad prevalecerá. De otra manera, el plan de la salvación se frustraría y el mundo mismo quedaría condenado.

Jesús dijo: "Por sus frutos los conoceréis". ¿Qué fruto produjo el mensaje de 1888 en los años inmediatamente siguientes a la asamblea de Minneapolis?

Ellen White se refirió en estos términos al "fruto" que produjo el mensaje en aquellos tempranos días, a pesar de la oposición oficial:

> Vi que el poder de Dios asistía al mensaje allí donde se lo presentaba. Os resultaría imposible convencer a la gente de South Lancaster de que no era un mensaje de luz el que recibieron. Las personas confesaron sus pecados y se apropiaron de la justicia de Cristo. Dios ha puesto su mano en esta obra ... La bendición de Dios nos cubrió [Jones, Waggoner y ella misma, en Chicago] mientras que dirigíamos a los hombres al Cordero de Dios que quita el pecado del mundo ... ¿Por cuánto tiempo se mantendrán alejados del mensaje de Dios los que están a la cabeza de la obra? (*Review and Herald*, 18 marzo 1890).

Ahora, a pesar de que se ha dado un esfuerzo determinado por dejar sin efecto el mensaje que Dios ha enviado, sus frutos han demostrado que venía de la fuente de la luz y verdad. De quienes han acariciado el prejuicio y la incredulidad, los que en lugar de cooperar en el avance de la obra que el Señor quería que hiciesen, se han interpuesto para impedir el camino en contra de toda evidencia, no se puede suponer que tengan un discernimiento espiritual claro tras haber cerrado por tanto tiempo sus ojos a la luz que Dios envió a su pueblo (Carta O–19, 1892; *The Ellen G. White 1888 Materials*, 1024).

El testimonio universal de los que se han pronunciado, ha sido que ese mensaje de luz y verdad venido a nuestro pueblo es exactamente la verdad para este tiempo, y allí donde ellos [Jones y Waggoner] visitan las iglesias, viene con seguridad la luz, el consuelo y la bendición de Dios (MS 10, 1889; *The Ellen G. White 1888 Materials*, 447).

Tras el encuentro de Minneapolis, cuán maravillosamente vino el Espíritu de Dios; los hombres confesaron que habían robado a Dios al retener diezmos y ofrendas. Se convirtieron muchas almas. Fueron traídos miles de dólares a la tesorería. Aquellos cuyos corazones estaban rebosantes del amor de Dios refirieron ricas experiencias (MS 22, 1890; *The Ellen G. White 1888 Materials*, 577).

Nótese bien la fecha de esas declaraciones: 1889, 1890. Esos maravillosos reavivamientos cesaron cuando la oposición asfixió la obra del Espíritu Santo. La Asociación General deshizo pronto ese equipo. En 1891, Ellen White fue exiliada a Australia, y el año siguiente Waggoner fue virtualmente exiliado a Inglaterra. Pero los breves y abortivos reavivamientos anteriormente descritos dan testimonio permanente de que el mensaje venía verdaderamente del Señor.

He leído informes según los cuales Jones y/o Waggoner eran descorteses, incisivos y poco cristianos, lo que hacía que se ganasen la oposición a la que tuvieron que enfrentarse. Si eso es así, los hermanos que rechazaron el mensaje no cometieron un pecado tan grave;y lo que es más, ¿no estaremos nosotros hoy igualmenteexcusados si rechazamos el mensaje?

Hay ciertos hechos que responden a esa pregunta:

(a) Como profetisa inspirada, Ellen White habla del "pecado" de los hermanos que lo rechazaron, del pecado que "cometieron en lo que tuvo lugar en Minneapolis" (Carta O–19, 1892; *The Ellen G. White 1888 Materials*, 1031). Difícilmente hubiese podido decir tal cosa si ella hubiese considerado que los dos mensajeros eran de alguna forma responsables del rechazo.

(b) Ellen White se refirió a Waggoner en 1888 como a "un caballero cristiano" (MS 15, 1888; *The Ellen G. White 1888 Materials*, 164).

(c) De Jones dijo que presentó su mensaje con "luz, con gracia y poder" (Carta, 9 enero, 1893; *The Ellen G. White 1888 Materials*, 1126). En sus mensajes y en la forma de darlos, "la gente ... vio la verdad, bondad, misericordia y amor de Dios como nunca antes los habían visto" *(Review and Herald*, 12 febrero 1889). Dijo además, que "presentó el mensaje con belleza y encanto, cautivando los corazones de todos aquellos que no los habían cerrado mediante el prejuicio" (*Id.*, 27 mayo 1890; *The Ellen G. White 1888 Materials*, 673). Cuando, en cierto momento de la crisis, le fue necesario mencionar la oposición de sus hermanos, "el hermano Jones habló con mucha llaneza, pero con ternura" (Carta W84, 1890; *The Ellen G. White 1888 Materials*, 642).

Sus sermones en las sesiones de la Asociación General de 1893 y 1895 se registraron taquigráficamente en los correspondientes Bulletin, y están hoy al alcance de todos. Según Ellen White, sólo una mente con "prejuicios" puede encontrar allí rastros de rudeza o descortesía.

(d) Jones y Waggoner gozaron de algo singular, no conociéndose de ningún otro ministro adventista en toda la historia que lo poseyera: "credenciales celestiales" (*Review and Herald*, 18 marzo 1890; MS 9, 1890; *The Ellen G. White 1888 Materials*, 545).

Pero ¿no hay constancia de la rudeza y desconsideración de Jones?

Unos cuarenta años después de lo sucedido, un crítico informó que en una ocasión durante el encuentro de Minneapolis, Jones habló irrespetuosamente a Uriah Smith. Nadie sabe a ciencia cierta ni siquiera si la respuesta supuestamente dura consistió hasta cierto punto en tomarse la licencia de replicar en clave de humor. Ellen White no mencionó el episodio en su diario, lo que sugiere que lo consideró un asunto menor. Hay evidencia abundante de que en general la actitud de Jones en aquellos años fue la propia de un cristiano sincero, humilde y de corazón bondadoso.

Por supuesto, ambos "mensajeros" eran hombres falibles, "solamente hombres", dice Ellen White (como lo somos todos nosotros). Debemos guardarnos cuidadosamente de levantar falso testimonio contra ellos en un esfuerzo por desacreditar su mensaje y ministerio.

Es un hecho bien conocido que tanto Jones como Waggoner se desviaron finalmente del camino. ¿Indica eso que hay algo equivocado en su mensaje?

Es cierto que comenzaron a extraviar sus pasos hacia el cambio de siglo. Por entonces Jones comenzó a desarrollar raíces de amargura en su espíritu, lo que motivó represiones por parte de Ellen White. Finalmente perdió su confianza en la dirección de la Asociación General y cedió a un espíritu reprobable. Waggoner perdió la fe en el mensaje del santuario y vivió una tragedia familiar.

Debemos tener presente que las declaraciones de apoyo a su mensaje y ministerio, por parte de Ellen White, duraron desde 1888 hasta 1896. Ella insistió en que es un error culpar al mensaje que llevaron de sus posteriores desvaríos.

Ellen White dijo específicamente que si erraban finalmente su camino, aquellos que se les oponían (con sentimientos de "enemistad" según palabras de ella misma), señalarían esa tragedia como una excusa para rechazar su mensaje, y "triunfarían" de ese modo. Pero al hacer así, estarían "entrando en un engaño fatal" (Carta O–19; Carta S24, 1892; *The Ellen G. White 1888 Materials*, 1044). Un "engaño" tal es lo último que necesitamos hoy.

Debemos señalar, no obstante, que ni Jones ni Waggoner abandonaron su fe en Cristo ni su amor por la verdad del sábado. En el ambiente eclesiástico de nuestros días, muy probablemente habrían permanecido ambos en la membresía.

¿Por qué perdieron su poder espiritual Jones y Waggoner?

La razón que da Ellen White es que sus opositores los trataron tan injusta, incluso "cruelmente", que casi los forzaron a tropezar:

> Las sospechas y los celos, las conjeturas maliciosas, la resistencia al Espíritu de Dios que suplicaba, fueron similares a las que tuvieron que enfrentar los reformadores. Similares al trato que la iglesia [metodista] dio a la familia de mis padres y a ocho de nosotros ... El curso de acción seguido en Minneapolis fue de crueldad hacia el Espíritu de Dios (MS 30, 1889; *The Ellen G. White 1888 Materials*, 360).
>
> No es la inspiración del cielo la que hace que uno sea suspicaz y esté al acecho de la oportunidad de lanzarse ávidamente para probar que aquellos

hermanos que difieren de nosotros en algunas interpretaciones de las Escrituras no son sanos en la fe. Hay peligro en que ese curso de acción produzca precisamente el resultado que se perseguía; y en gran medida la culpabilidad pesará sobre los que están al acecho del mal ...

La oposición en nuestras propias filas ha impuesto una obra extenuante y probatoria a las almas de los mensajeros del Señor [Jones y Waggoner] (*General Conference Bulletin*, 1893, 419–421; *GCDB* Vol. 5, n° 19, 28 febrero 1893).

Aceptando que fueron maltratados, ¿constituye eso una excusa para su desvío?

No. El pecado no es excusable en nadie. Pero lo que ellos debieron enfrentar fue—en palabras de Ellen White—una continua "persecución ... anticristiana" (*GCDB* Vol. 5, n° 7, 7 y 8 febrero 1893, 184; *The Ellen G. White 1888 Materials*, 1013).

Por supuesto, ni siquiera el padecer persecución es una excusa para el pecado. Pero su prueba fue incomparablemente más severa, desde el punto de vista espiritual, que la sufrida por Martín Lutero al ser perseguido por el papa, los cardenales y los obispos. Lutero podía gozarse en sus persecuciones, ya que identificó al papado como el "cuerno pequeño" de Daniel, y también la "bestia" de Apocalipsis 13. Pero Jones y Waggoner no conocieron ese consuelo. Ellos sabían que la suya era la auténtica iglesia "remanente" de la profecía. Ninguna octava iglesia habría de suceder a Laodicea. Y sabían que el prospecto de la profecía para el futuro no es la derrota, sino la victoria.

El terrible rechazo del "comienzo" de la lluvia tardía y el fuerte pregón fue algo que no pudieron asumir. Eso estaba totalmente fuera del plan de Dios para la resolución final del gran conflicto. El cielo quedó estupefacto, ya que ni siquiera los ángeles podían prever esa reacción descomunal contra el Espíritu Santo hasta el extremo de la "crueldad" y del "insulto", en la asamblea de la Asociación General.

Se esperaba que una tan amarga oposición contra él hubiese finalizado al término de los 1260 años de persecución. Según testimonio de Ellen White, esa fue la primera vez en que la dirección de la Iglesia Adventista del Séptimo Día se colocaba decididamente en contra de la sobreabundante gracia de Cristo, repetía el pecado de los judíos de antaño y de paso rechazaba incluso el propio ministerio de Ellen White.

¿No eran Jones y Waggoner hombres firmes, que debieran haber resistido en la prueba?

No es sorprendente que sucedieran contratiempos, puesto que Jones y Waggoner eran hombres tan frágiles como cualquiera de nosotros. Esa pudo ser una de las razones por las que el Señor los llamó a su obra especial, puesto que a él no le resulta fácil servirse de los "fuertes". A Pablo se le dijo: "Mi potencia en la flaqueza se perfecciona" (2 Cor 12:9). Ellos no eran profetas, como lo fue Ellen White, sino simplemente hombres. Una mujer fue capaz de resistir la prueba, a pesar de que tuvo que sufrir asimismo en gran manera.

La comprensión de ellos no era solamente finita, sino restringida por una aparente falta de información profética o bíblica que pudiese explicar lo que estaba sucediendo. Fue otro Gran Chasco, más misterioso incluso que el de 1844. No pudieron comprender, ni les era posible concebir, otro siglo de violenta y agónica historia humana. Según una expresión típica de Ellen White, "perdieron el rumbo".

Antes de condenarlos, haríamos bien en preguntarnos si nosotros hubiésemos sido capaces de resistir más airosamente esa amarga experiencia. La prueba más dolorosa que un leal Adventista del Séptimo Día puede sufrir es la oposición persistente y determinada de parte de los dirigentes de su iglesia. Sin embargo, la gracia de Dios siempre fue y es suficiente.

Esa prueba fue en esencia la misma que debió soportar José cuando sus diez hermanos se opusieron a él, y la que David tuvo que soportar de manos del rey Saúl. También la que Jeremías padeció ante los reyes Joachim, Sedequías y los sacerdotes y "profetas" de sus días. Jones y Waggoner debieron haber resistido, pero por desgracia, fallaron.

Otra razón puede ser que la luz que ellos tenían era solamente "el comienzo" del derramamiento final del Espíritu Santo. Ese comienzo no fue lo bastante como para permitirles superar una prueba espiritual que ningún siervo de Dios había sido llamado previamente a sufrir. Una tal "persecución anticristiana" orquestada por los dirigentes de la iglesia durante el Día de la Expiación (antitípico), carece de precedentes en la historia sagrada. Tanto el cielo como el infierno debieron maravillarse por el éxito logrado por Satanás (ver *Mensajes Selectos*, vol. I, 275, 276).

Es solemne el pensamiento de que "el Eterno, cuyo nombre es Celoso, es un Dios celoso" (Éxodo 34:14). En estos últimos días del gran conflicto, concederá perchas en donde colgar sus dudas, a todo aquel que las desee encontrar (*El Conflicto*, 581, 582). ¡Se trata de una peculiar generosidad! Es como si ese misterioso "celo" divino permitiese que inventemos toda clase de piedras de tropiezo o excusas para rechazar su verdadera lluvia tardía, y aceptar a cambio una falsificación.

Hay un progreso maravilloso en la iglesia mundial, con bautismos multitudinarios y soberbias instituciones. ¿No es eso evidencia suficiente de que esinnecesario el arrepentimiento?

Durante décadas nos hemos felicitado como iglesia por un progreso tal. Se lo ha citado una y otra vez como evidencia de que no necesitamos recuperar el mensaje de 1888, o bien como evidencia de que ya lo poseemos.

Pero hay otras denominaciones que están haciendo "progresos" aún más espectaculares. La Iglesia Católica incrementa su membresía en mayor medida que nosotros, y multiplicando sorprendentes instituciones; también ciertos grupos protestantes, especialmente Pentecostales. Hasta los Mormones y Testigos de Jehová hacen progresos. Y el Islam avanza a pasos agigantados.

El poder de la iglesia no radica en su despliegue estadístico o financiero. Nunca fuimos llamados a acumular estadísticas e instituciones con el objeto de impresionar al mundo, sino a fin de proclamar un mensaje que preparase a un pueblo para la venida del Señor. Si pudiésemos lograr que se bautizase cada una de las almas que hay en el mundo, convirtiéndolas en el tibio miembro de iglesia que somos la mayoría de nosotros, eso no adelantaría el regreso del Señor.

La prueba de nuestro verdadero progreso está en nuestro crecimiento espiritual. La tierra ha de ser alumbrada por un mensaje de buenas nuevas realmente poderosas. Debe haber una preparación a fin de enfrentar los asuntos finales –la marca de la bestia y el fin del tiempo de gracia. El cielo es más capaz de evaluar con precisión nuestro progreso, de lo que nosotros lo somos.

Tenemos una clara indicación en el mensaje a Laodicea: la sorprendente revelación de que, de entre las siete iglesias de la historia, somos aquella que es rematadamente desgraciada, miserable, pobre, ciega y desnuda. Todo ello mientras pensamos que somos ricos y que nos hemos enriquecido.

Dado que Jones y Waggoner extraviaron finalmente el camino, ¿no es peligroso el que leamos sus escritos?

Nunca debemos dar a sus escritos la consideración de inspirados o canónicos. Sólo la Biblia posee ese doble honor.

Sin embargo, Ellen White dijo que ellos habían descubierto "precioso oro" en "las minas de la verdad". No es nuestra misión el predicar a Jones y Waggoner, como tampoco a Ellen White. Predicamos la Biblia, pero queremos aceptar toda la luz que el Señor ha tenido a bien enviarnos.

"En su gran misericordia el Señor envió un preciosísimo mensaje a su pueblo por medio de los pastores Waggoner y Jones". El Espíritu Santo les dio una comprensión profunda de verdades bíblicas que nuestro pueblo no había discernido con anterioridad. Han transcurrido más de cien años de continuo escrutinio y frecuente oposición sin que ningún teólogo responsable haya podido señalar ningún aspecto importante de ese mensaje, desde 1888 hasta 1896, que carezca de un claro apoyo bíblico.

¿En qué momento dejan de ser dignos de confianza sus escritos?

Los estudios de Waggoner sobre Hebreos dados en la sesión de la Asociación General de 1897 contienen innumerables exposiciones profundas y útiles, pero comenzó allí a introducir ciertas ideas confusas afines al panteísmo. De igual manera, la edición original de *The Glad Tidings* (1900) contiene alguna de esas ideas, por más que en 1901 el autor negó creer o enseñar el panteísmo. Cuando Pacific Press lo volvió a publicar en 1972, esas pocas declaraciones confusas se eliminaron, preservando su mensaje de justicia por la fe en plena armonía con sus escritos precedentes.

Por los registros de que disponemos, Jones jamás expresó ideas panteístas, o pan-enteístas. Pero hacia el año 1904 comenzó a perder la confianza en la dirección de la Asociación General. Sin embargo, su obra *The Consecrated Way* [*El Camino consagrado a la perfección cristiana*] fue escrita en su mayor parte antes de 1900 (algunas secciones en un año tan temprano como el 1894), y no contiene semillas de amargura como fue el caso después de 1905.

En sus últimos escritos ambos pusieron en duda la posibilidad del arrepentimiento denominacional, lo que fue el factor determinante de su fracaso. Así es también como todo movimiento o ministerio que dude de tal posibilidad está condenado al fracaso.

Ni Jones ni Waggoner repudiaron nunca el mensaje de 1888; ninguno de ellos abandonó el sábado ni perdió su amor por Cristo o por la Biblia. Como dijo Ellen White, el error contenido en sus escritos posteriores no puede anular la verdad de los precedentes. No podemos dejar de aplicar el sentido común. No dejamos de leer los salmos, debido a los errores y fallos de David.

¿Cuál es la diferencia entre Cristo morando por la fe en el corazón del creyente, y Cristo morando en el corazón de toda persona?

Hay una marcada diferencia entre la verdad de Juan 1:9, según la cual Cristo es "la luz verdadera que alumbra a todo hombre que viene a este mundo" y la doctrina pan-enteísta que pretende que Cristo mora personalmente en el corazón de "todo hombre" ya antes de que este ejerza la fe y se convierta. Esa idea no formó parte del mensaje de 1888–1896 que Ellen White apoyó.

Algunos acusan al mensaje de 1888 de inducir al panteísmo. Pero no hubo tal panteísmo en el mensaje que Ellen White sustentó, y nada hay en él que lleve al panteísmo.

Pablo se refiere frecuentemente a Cristo morando en el corazón, pero se trata del corazón del creyente, no del incrédulo (2 Cor 13:5). Pablo nunca dijo que el Hijo de Dios estuviera en él anteriormente a su conversión; lo que dijo es que Dios lo escogió desde el seno de su madre (Gál 1:15, 16).

El "revelar a su Hijo en mí" fue algo que tuvo lugar tras su conversión. Y esa revelación no consistió en una revelación de algo que estuviera ya en su corazón previamente, y que hubiera pasado desapercibido. La noción errada característica de la New Age es en realidad un concepto prestado del hinduismo, según el cual Dios está en cada hombre, esperando solamente ser descubierto. Cristo entró en el corazón de Pablo a fin de morar allí, cuando se convirtió. Eso no niega que la Luz hubiese estado brillando sobre su corazón durante toda su vida, aunque por un tiempo fuera resistida.

Se cita un texto en supuesto apoyo a la idea de la Nueva Era: "El reino de Dios ya está entre vosotros" (Luc 17:20, 21). Jesús informó a los judíos de que el tan ansiado reino venidero de Dios estaba ya allí, manifestado en medio de ellos, sin que lo hubiesen reconocido. No dijo que Dios morase en ellos en tanto que incrédulos.

Tiene que haber ciertamente "un poder que obre desde el interior, una vida nueva de lo alto … Ese poder es Cristo. Únicamente su gracia puede vivificar las facultades muertas del alma" (El Camino a Cristo, 18). Pero esa obra del Espíritu Santo en el corazón produce conversión y santificación.

Capítulo 5

Cuestiones relativas a los dos pactos

Siempre he tenido dudas al respecto. ¿Cuál es la diferencia entre el viejo y el nuevo pacto?

Se trata de un elemento clave del mensaje de 1888, y es un tema controvertido. Expresado de forma simple, esta es la posición de Jones y Waggoner que tan diferente fue de la comprensión común entre los hermanos:

El nuevo pacto es "el pacto eterno" renovado. Es la promesa de salvación que Dios nos hace; no nuestra promesa de obedecerle. El Señor hizo tal promesa (del nuevo pacto) a Abraham y a sus descendientes (Génesis 12:1-3; 13:14-17; 15:5; 22:16-18).

La promesa incluía: (a) la tierra como posesión eterna, (b) la vida eterna, única forma en la que pudiese disfrutar de esa posesión eterna, (c) la justicia por la fe, con todas las bendiciones que conlleva. En resumen, Dios prometió virtualmente a Abraham "el cielo". La respuesta de Abraham fue esta: "Creyó". El Señor no le exigió nada más, y le contó su fe por justicia (Gén 15:6). *Ese es en esencia el contenido del nuevo pacto.*

El pacto antiguo es lo inverso del anterior. Cuatrocientos treinta años después, los descendientes de Abraham fueron convocados al pie del Sinaí, en su camino hacia la tierra prometida. Dios les renovó su promesa por medio de Moisés. Pero ellos no tuvieron la fe de Abraham. En lugar de responder de la forma en que lo hizo su predecesor, manifestaron orgullo y autosuficiencia, haciendo la vana promesa: "Todo lo que Jehová ha dicho, haremos" (Éxodo 19:8). *Esa promesa hecha por el pueblo, es la esencia del pacto antiguo, o viejo pacto.*

El Señor no podía abandonar a su pueblo en el Sinaí. Si su pueblo no podía seguirle, él estaría dispuesto a bajar a su nivel y "esperarlos". Así, en el capítulo siguiente de Éxodo vemos cómo descendió al monte Sinaí con truenos, rayos, terremoto y fuego, y pronunció los diez mandamientos, escribiéndolos en tablas de piedra. Instituyó entonces todo el sistema levítico.

Dado que Abraham creyó, el Señor no necesitó hacer todo eso con él; pudo escribir su ley en el corazón de su siervo.

En cualquier caso, el Señor desplegó un ministerio lleno de gracia en favor de los israelitas incrédulos, "... de manera que la ley ha sido nuestro ayo [pedagogo] hacia Cristo, a fin de que fuésemos justificados por la fe" como lo fue Abraham (Gál 3:24). Según la profunda comprensión expresada por Pablo, fue necesario ese largo rodeo de siglos, a fin de traer al pueblo a la fe que Abraham ejerció en el principio.

En resumen, ¿cuál es la diferencia entre la noción de 1888 de los dos pactos, y la idea común actual?

La idea común es que los dos pactos representan dos dispensaciones en el plan de Dios. El pacto antiguo habría sido la norma hasta el tiempo de Cristo, momento en el que entraría en acción el nuevo.[1] Pero los mensajeros de 1888 vieron una verdad más profunda: que los dos pactos no son un asunto de tiempo, sino de condición. Hubo personas en el Antiguo Testamento que vivieron bajo el nuevo pacto, pues tuvieron fe en Cristo, como la tuvo Abraham. Y hay cristianos viviendo aún hoy bajo el viejo pacto, pues no manifiestan la fe de Abraham.

¿Dónde podemos encontrar una exposición clara de la comprensión de 1888 de los dos pactos?

En los capítulos 3 y 4 de *Las Buenas Nuevas* (E.J. Waggoner, 1900; reimpreso por Pacific Press en 1972). La presentación de Ellen White en *Patriarcas y Profetas*, capítulo 32, sustenta la posición de Waggoner. El libro *Grace on Trial* (R.J. Wieland) contiene un capítulo dedicado a ese tema.

¿Comentó Ellen White sobre el libro *Las Buenas Nuevas*, de Waggoner?

No sabemos de ningún comentario de Ellen White a propósito del libro *Las Buenas Nuevas* como tal (que es un comentario versículo a versículo de la epístola a los Gálatas), sin embargo hizo numerosos comentarios

---

1. La teología del mundo evangélico sobre "el pacto" se basa en el mismo concepto dispensacionalista que sigue existiendo en el pensar de muchos adventistas. Está en agudo contraste con el concepto sobre los pactos propio de la enseñanza bíblica que los mensajeros de 1888 presentaron, que no va ligado a épocas históricas, sino a la condición de cada creyente. Ese hecho demuestra la inconsistencia de quienes pretenden que recuperamos el mensaje de 1888 al acoger la teología de los evangélicos sobre la salvación.

entusiastas a propósito de los 'Estudios sobre los Gálatas' que Waggoner escribió doce años antes. Su comprensión de la justicia por la fe y los dos pactos en Gálatas no varió durante esos años.

Leroy Froom nos informa de que la viuda de Waggoner tomó a mano las predicaciones de su marido en Minneapolis; las mismas fueron transcritas y publicadas en forma de artículos, en *The Signs of the Times* (1889), el libro *Cristo y su justicia* (1890), y *Las Buenas Nuevas* (1900; ver *Movement of Destiny*, p. 189-201).

¿Qué comentarios específicos hizo Ellen White acerca de la comprensión de 1888 sobre los dos pactos?

Apoyó sin reservas la posición de Waggoner sobre los dos pactos:

Me complace mucho saber que el profesor Prescott está dando las mismas lecciones en sus clases a los estudiantes, que las dadas por el hermano [E.J.] Waggoner. Está presentando los pactos ...

Desde que hice la afirmación, el sábado pasado, de que la posición sobre los pactos que ha venido enseñando el hermano Waggoner era verdadera, parece haberse producido un alivio en muchas mentes.

Me inclino a pensar que el hermano Prescott recibe el testimonio, aunque no estaba presente cuando hice esta declaración. Creí que era tiempo de tomar posición, y estoy feliz porque el Señor me urgiera a dar el testimonio que di (Carta 30, 1890; *The Ellen G. White 1888 Materials*, 623).

Anteanoche el Señor abrió muchas cosas ante mi mente. Me fue revelado claramente que su influencia [se dirige a Uriah Smith] ha sido la misma que en Minneapolis ...

Ha fortalecido las manos y las mentes de hombres como Larson, Porter, Dan Jones, Eldridge, Morrison y Nicola, así como un gran número de ellos. Todos lo citan a usted, y el enemigo de la justicia lo contempla complacido ...

Mediante su influencia está haciendo lo que otros hombres han hecho antes que usted: cerrar la puerta de su propia alma, de forma que si Dios enviara luz del cielo, ni un solo rayo penetraría en su alma debido a haber cerrado la puerta para que no se pueda acceder allí ...

No se esfuerce tanto en realizar la obra de Satanás. Tal obra se hizo en Minneapolis. Satanás triunfó. Aquí [Battle Creek] se ha hecho esa misma obra.

Anteanoche me fue mostrado que las evidencias a favor de los pactos son claras y convincentes. Usted mismo, Dan Jones, el hermano Porter y otros, están malgastando sus facultades investigadoras en vano, en su intento por exponer una posición sobre los pactos opuesta a la presentada por el hermano Waggoner. Tras haber recibido la verdadera luz que brilla, no debió imitar, o caminar según el mismo tipo de interpretación y falsa representación de las Escrituras que caracterizó a los judíos ... Ellos manejaron esas cosas de la manera que les permitiese oscurecer y desviar las mentes.

El asunto del pacto es una cuestión clara y será recibida por toda mente sincera, libre de prejuicios, pero fui llevada allí donde el Señor me dio una comprensión sobre ese tema. Usted ha vuelto la espalda a la luz por temor a tener que aceptar el asunto de la ley en Gálatas (Carta a Uriah Smith, 59, 1890; *The Ellen G. White 1888 Materials*, 599-604).

¿Por qué razón el Comentario Bíblico Adventista, así como el Diccionario, toman la posición de quienes se opusieron al mensaje de 1888 hace más de un siglo?

Algunos de los publicadores pueden haber estado sinceramente desinformados en cuanto a la comprensión de 1888 que Ellen White apoyó. Hay asimismo evidencia de que algunos estaban en decidida oposición con la posición de 1888.

¿Está el siguiente comentario de Ellen White en desacuerdo con la posición de Waggoner sobre los dos pactos?

Este es el voto que el pueblo de Dios ha de hacer en estos últimos días. Que Dios los acepte depende de un fiel cumplimiento de los términos de su convenio con él. Dios incluye en su pacto a todos los que le obedecen (Ellen G. White; *Comentario Bíblico Adventista*, vol. I, 1117; *Review and Herald*, 23 junio 1904).

Algunos opinan que lo anterior no armoniza con las exposiciones de Waggoner. Parecería estar alentando a la experiencia del antiguo pacto ("obedece y vivirás") que Pablo declara que "engendró servidumbre" (Gál 4:24). Aparenta apoyar la posición de los hermanos que rechazaron la comprensión de Waggoner acerca del mensaje del nuevo pacto, como Uriah Smith, Dan T. Jones, G.I. Butler, R.C. Porter, R.M. Kilgore y otros (ver *1888 Rexaminado*, 47-52). *Aparenta* tal cosa. Sin embargo, su exposición en *Patriarcas y Profetas* sustenta claramente la posición de Waggoner.

Algunas de sus declaraciones sobre la naturaleza de Cristo, *tomadas de forma superficial*, aparentan también ser contradictorias y apoyar la posición popular de que Cristo tomó solamente la naturaleza impecable de Adán anterior a su caída. Pero al analizarlas cuidadosamente en su contexto, esas declaraciones aparentemente contradictorias resultan no serlo.

Hay otras declaraciones suyas sobre los dos pactos que son de una claridad manifiesta, y que no se prestan a una interpretación incorrecta o equívoca. La declaración citada queda aclarada mediante una lectura contextual cuidadosa. ¿Podría contradecir Ellen White lo que ella misma escribió 14 años antes? Difícilmente podría hacer tal cosa.

Sus escritos más claros sobre los dos pactos se encuentran en *Patriarcas y Profetas*, 386-390, apreciándose allí plena armonía con la posición de Waggoner. Así pues, disponiendo de tres declaraciones claras e inequívocas en apoyo de la posición de Waggoner, ¿cómo debemos comprender esta declaración hecha en 1904, que *aparenta* contradecir las anteriores?

(a) Obsérvese el contexto de la declaración de 1904. Cuando en Isaías 56:4 el Señor dice "mi pacto", se está refiriendo claramente al pacto que él hizo con Abraham: el "nuevo pacto", o pacto eterno. Cuando Dios hace un pacto, se trata siempre de una promesa, y tiene carácter unilateral. Nunca nos pide que le hagamos promesas recíprocas, pues sabe que no podemos cumplir nuestras promesas. No podemos tratar con Dios en términos de igualdad. Ellen White continúa diciendo: "Es el pacto al que hace referencia la siguiente Escritura" (Éxodo 19:1-8). Se refiere evidentemente al pacto del Señor, no a la promesa del pueblo. En 1904 Ellen White escribió:

Vosotros visteis lo que hice a los egipcios, y cómo os tomé sobre alas de águilas, y os he traído a mí. Ahora, pues, si dais oído a mi voz,—con veracidad, de forma ferviente y sincera—y guardáis *mi pacto*...

(b) El único pacto que el Señor puede aquí mencionar es su pacto, su promesa a Abraham (el pacto eterno).2 Es pues evidente que en el monte Sinaí, el Señor estaba proponiendo renovarles el nuevo pacto de la justicia por la fe (que hiciera ya a Abraham), y no instituir un *viejo* pacto de legalismo.

(c) La palabra hebrea que traducimos por "obedecer" significa en realidad "prestar oído", "prestar atención" (*shamea*). La palabra hebrea que traducimos por "guardar" está relacionada con la anterior (*shamar*). No es el término habitual para referirse a "obedecer" en el sentido de "hacer" o cumplir. Su significado esencial es "prestar atención, apreciar, cuidar, cultivar". Por ejemplo, en Génesis 2:15 leemos que Dios puso al hombre en el huerto de Edén "para que lo cultivara y lo guardara" (*shamar*). No se esperaba que "obedeciera" al huerto, sino que lo *cuidara*. *Shamar* implica la bella noción del *aprecio*.

(d) Así, lo que el Señor dijo a Israel, fue virtualmente: 'Ahora pues, si dais oído a mi voz con verdad, sinceridad y fervor, y cuidáis o apreciáis el pacto (promesa) que hice con vuestro padre Abraham … traeré sobre vosotros todas estas bendiciones y seréis un reino de sacerdotes, etc'. Todo verdadero descendiente de Abraham habría de poseer la fe sincera del patriarca. Nunca fue la voluntad del Señor instituir un sistema de salvación por obras. Tampoco fue la intención de Ellen White transformar un texto de justicia por la fe en uno de legalismo.

(e) En su escrito, "voto" ha de significar "compromiso". Dios deseaba de su pueblo la misma respuesta que obtuvo de Abraham: la elección de creer al Señor y de cooperar con él. La respuesta de Abraham no incluyó la vana promesa que hizo Israel 430 años más tarde. Él entregó su corazón al Señor, ejerciendo fe en el Salvador que vendría. Esa elección de creer y rendir el corazón es a lo que Ellen White se refiere con el término "voto".

(f) El contexto del artículo de Ellen White de 1904 es evidente: "Cristo apela a los miembros de su iglesia a que cultiven la verdadera y genuina esperanza del evangelio". Obsérvese el uso (involuntario) del concepto hebreo de *shamea*: cultivar, o cuidar, que encontramos en Éxodo 19.

Es disparatado pensar que la profetisa inspirada pudiera estar intentando contradecir lo que escribió en *El Camino a Cristo*, 47. En esa página leemos su descripción del trágico resultado de vivir bajo el viejo pacto, de hacer promesas a Dios que él nunca nos pidió que hiciésemos, y que nos llevan a la esclavitud:

> Vuestras promesas y resoluciones son tan frágiles como telarañas [original: "cuerdas de arena"]. No podéis gobernar vuestros pensamientos, impulsos y afectos. El conocimiento de vuestras promesas no cumplidas y de vuestros votos quebrantados debilita la confianza que tuvisteis en vuestra propia sinceridad, y os induce a sentir que Dios no puede aceptaros; mas no necesitáis desesperar.

¿Es cierto que el agape es un elemento prominente del mensaje de 1888? ¿O bien es algo que los entusiastas de nuestros días le han añadido?

Waggoner se refirió en estos términos al *agapé*:

> "El propósito de este mandamiento es el amor nacido de corazón limpio, de buena conciencia y fe no fingida" (1 Tim 1:5). Algunas versiones traducen "caridad" en lugar de "amor". En 1 Juan 5:3 leemos: "Este es el

amor de Dios, que guardemos sus mandamientos". El mismo Pablo dice: "El cumplimiento de la ley es el amor" (Rom 13:10). En ambos textos se emplea la misma palabra (agape) que en 1 Tim 1:5 ...

Dios imputa a los creyentes la justicia de Cristo, que fue hecho en semejanza de carne de pecado, a fin de que "la justicia de la ley" pudiese cumplirse en sus vidas. Y es así como Cristo es el fin de la ley (*Bible Echo*, 15 febrero 1892; *Lecciones sobre la fe*, 37-40).

¡Qué gloria maravillosa hay en la cruz! Toda la gloria del cielo está en ese objeto despreciado. No en la imagen de la cruz, sino en la cruz misma ...

> Allá donde fuere, contaré la historia de la cruz;
> En ninguna otra cosa me gloriaré, excepto en la cruz;
> Ese será mi tema constante, por el tiempo y la eternidad:
> que el Señor gustó la muerte por mí, sobre la cruz.
> (*The Glad Tidings*, 143-144)

Escribiendo bajo la bendición especial del mensaje de 1888, Ellen White declaró:

Desde la Asamblea de la Asociación General de 1888 Satanás ha estado obrando con poder especial mediante elementos no consagrados, para debilitar la confianza del pueblo de Dios en la voz que ha estado llamándolos durante todos estos años ...

Esta es una gran verdad central a tener siempre ante la mente ... Cristo y este crucificado ... El alma paralizada por el pecado puede ser dotada de vida solamente mediante la obra llevada a cabo sobre la cruz por el Autor de la salvación. El amor de Cristo constriñe al hombre a que se una con él en sus labores y sacrificio. La revelación del amor divino despierta en ellos un sentido de su obligación descuidada de ser portadores de luz al mundo y los inspira con un espíritu misionero. Esta verdad ilumina la mente y santifica el alma. Barrerá la incredulidad e inspirará la fe. Es la gran verdad que hay que mantener siempre ante las mentes de los hombres. Sin embargo, cuán débilmente se comprende el amor de Dios; y en la enseñanza de la palabra no causa más que una débil impresión (MS 31, 1890; *The Ellen G. White 1888 Materials*, 805-806).

Capítulo 6

Cuestiones sobre el pecado desconocido

¿Existe una cosa tal como pecado inconsciente? ¿Habla de él el mensaje de 1888?

El pecado más horrible que jamás se cometió, fue un pecado inconsciente. Jesús oró así en favor de quienes lo crucificaban: "Padre, perdónalos, porque no saben lo que hacen" (Luc 23:34).

"No saber" lo que uno hace, es ser inconsciente de ello. Y culpar a los judíos o a los romanos de ese crimen es el colmo de la inconsciencia, puesto que todos compartimos esa culpabilidad *(Testimonios para los ministros*, 38; *El Deseado*, 694).[1] Sin embargo, la raza humana sigue siendo inconsciente de ese pecado.

El orgullo laodicense es un pecado de carácter igualmente inconsciente, ya que el Testigo Fiel y verdadero declara: "Y no conoces ..." (Apoc 3:17). Cuando el rey Ezequías enfermó de muerte, no era consciente del mal que albergaba su corazón. Tras haber sido sanado de su enfermedad, ese mal afloró a la superficie. "Dios lo dejó, para probarlo, para que se conociera todo lo que había en su corazón" (2 Crón 32:31).

David oró una plegaria muy superior a la del rey Ezequías: "Escudríñame, oh Dios, y conoce mi corazón; pruébame, y conoce mis pensamientos; y ve si hay en mí camino de perversidad ..." (Sal 139:23-24). "Los errores, ¿quién los entenderá? Líbrame de los que me son ocultos" (Sal 19:12).

Sí: los mensajeros de 1888 hablaron del pecado inconsciente en necesidad de ser traído a la conciencia por el ministerio del Espíritu Santo en el Día de la Expiación.

---

1. "A menos que individualmente nos arrepintamos ante Dios de la transgresión de su ley y ejerzamos fe en nuestro Señor Jesucristo, a quien el mundo ha rechazado, estaremos bajo la plena condenación merecida por aquellos que eligieron a Barrabás en lugar de Jesús. El mundo entero está acusado hoy del rechazo y asesinato deliberados del Hijo de Dios" (*Testimonios para los ministros*, 38).

¿En qué parte del mensaje mismo encontramos tal referencia?

Cuando se os señala el pecado, decid: 'Prefiero a Cristo que al pecado', y dejadlo ir. [Congregación: 'Amén'] ... Por lo tanto ... ¿por qué habríamos de desanimarnos a la vista de nuestros pecados? Algunos de los hermanos han hecho precisamente eso mismo. Vinieron aquí en libertad; pero el Espíritu de Dios trajo algo que nunca antes habían visto. El Espíritu de Dios profundizó más que nunca antes, y reveló cosas que previamente desconocían. Entonces, en lugar de agradecer al Señor que sucediera así y permitir que fuese desechada toda la iniquidad ... comenzaron a desanimarse ...

Si el Señor nos ha hecho ver pecados en los que jamás pensamos anteriormente, eso no hace más que mostrar que está avanzando en profundidad para alcanzar finalmente el fondo. Cuando haya encontrado la última cosa impura o sucia, que no esté en armonía con su voluntad, y la traiga y nos la muestre, si decimos "prefiero al Señor antes que a eso", entonces la obra está completa y el sello del Dios vivo puede ser fijado en un carácter tal ... Permitámosle avanzar, hermanos; permitámosle que lleve a cabo esa obra de escrutinio (A.T. Jones, *General Conference Bulletin*, 1893 nº 17, 404).

Siempre había pensado que si confesamos nuestros pecados, nuestros corazones son totalmente purificados, y no puede quedar ningún resto de pecado desconocido.

"Si confesamos nuestros pecados, Dios es fiel y justo para perdonar nuestros pecados, y limpiarnos de todo mal" (1 Juan 1:9). Muy cierto. Observemos, no obstante, que no puede perdonar y limpiar pecados que no hayamos *confesado de forma concreta e inteligente*. El pecado no resulta mágicamente eliminado al oprimir el pulsador "perdona mis pecados".

La confesión ha de ser específica y consciente. "El que peque en alguna de estas cosas, confesará aquello en que pecó" (Lev 5:5). "La verdadera confesión es siempre de un carácter específico y reconoce pecados particulares" (*El Camino a Cristo*, 38). Ahora, ¿cómo podemos confesar inteligente y sinceramente pecados de los que no somos conscientes?

Por ejemplo, ceder a motivaciones egoístas es ciertamente pecado. Uno puede comportarse y orar hoy con total sinceridad en la confianza de haber obrado sin egoísmo... para darse cuenta mañana de que sus actos o palabras estaban impregnados de egoísmo pecaminoso.

Eso no significa que ayer no estuviese convertido; pero si resistimos y rechazamos esa nueva convicción de pecado que el Espíritu Santo nos trae y rehusamos arrepentirnos, entonces ciertamente perdemos ese estado de conversión del que antes gozamos. No hay forma de malinterpretar tanto la Escritura como el Espíritu de Profecía, mediante la suposición de que el arrepentimiento implique otra cosa distinta que una experiencia en continua profundización a lo largo de toda una vida. En caso contrario venimos a resultar atrapados en una terrible situación de arrogante justicia propia.

¿Habla Ellen White de esa noción de pecado desconocido en necesidad de ser llevado a nuestro conocimiento?

Sí; en muchas ocasiones. Sólo es posible aquí dar algunos ejemplos:

Los que realmente desean glorificar a Dios agradecerán que todos los ídolos y pecados queden expuestos, a fin de poder ver estos males y desecharlos (*Testimonios*, vol. IV, 347).

Cada uno posee rasgos de carácter todavía ignorados y que deben ser puestos en evidencia por la prueba. Dios permite que aquellos que confían en sí mismos sean gravemente tentados, a fin de que puedan comprender su incapacidad. (*Id.*, vol. VII, 201).

Si tenemos defectos de carácter de los que no somos conscientes, [el Señor] nos disciplina haciendo que esos defectos vengan a nuestro conocimiento para que podamos vencerlos … Pero no se reveló nada que no estuviese en vosotros (*Review and Herald*, 6 agosto 1889).

La ley de Dios es la prueba de nuestras acciones. Sus ojos ven todo acto, escudriñan cada rincón de la mente, detectan todo engaño y toda hipocresía (*A fin de conocerle*, 292).

La obra de restauración nunca puede ser completa a menos que se llegue hasta las raíces del mal. Vez tras vez han sido recortadas las ramas, pero ha sido dejada la raíz de amargura para que resurja y contamine a muchos. Pero debe llegarse hasta la profundidad misma del mal oculto, los sentidos morales deben ser juzgados y juzgados otra vez a la luz de la presencia divina (Ellen G. White; *Comentario Bíblico Adventista*, vol. V, 1125).

Muchos … se hallan en circunstancias que parecen exponer todo el mal de su naturaleza. Se revelan entonces defectos cuya existencia no sospechaban … Su providencia [de Dios] los coloca en diferentes situaciones y variadas circunstancias para que descubran en su carácter los defectos que permanecían ocultos a su conocimiento (*El ministerio de curación*, 373).

¿No es una idea desalentadora?

Nada de lo que el Espíritu Santo traiga a nuestro conocimiento puede ser causa ded desconsuelo. ¡Él es el Consolador!

Si uno padece un cáncer que amenaza su vida, ¿habría de desanimarse cuando el médico lo diagnostica certeramente y le aplica el tratamiento adecuado para salvar su vida?

Pero ¿cuál es la importancia de vencer el pecado no conocido? ¿Acaso no lo cubre Jesús, nuestro sustituto? ¿No cubre su manto de justicia las deformidades de nuestro carácter?

El asunto no es la salvación de nuestras pobres almas, sino la vindicación y el honor de Cristo. Podemos vivir en la tranquilidad de la inconsciencia de nuestro pecado no conocido, pero este trae oprobio a Cristo de todas formas. Hasta puede producir perplejidad en otras personas que se aperciben de la falta de cristianismo que nosotros mismos somos incapaces de ver. Los jóvenes resultan con mucha frecuencia desanimados por las inconsistencias pecaminosas de sus mayores faltos de discernimiento.

Es cierto que si morimos antes de que el Espíritu Santo haya traído a nuestro conocimiento el pecado del que no somos conscientes, podemos confiar en que nuestro Sustituto nos "cubra". Martín Lutero murió bebiendo cerveza y desconociendo lo pecaminoso que era su antisemitismo, que alentó más tarde los horrores del nazismo. Pero su caso en el juicio no será tan difícil como el nuestro si pecamos voluntariamente, ante una luz mucho mayor de la que él tuvo.

Si el Espíritu Santo ha traído a nuestro conocimiento pecado del que no sabíamos con anterioridad, y resistimos su ministerio rehusando arrepentirnos, podemos convertir nuestra salvación en algo realmente imposible. Tal es el punto central del ministerio sumo sacerdotal del Día de la Expiación. Ellen White relacionó esa obra del Espíritu Santo que escruta hasta lo profundo para revelar el pecado desconocido, con el ministerio de Cristo en el Día de la Expiación:

> Estamos en el día de la expiación y debemos obrar en armonía con la obra de Cristo de purificar el santuario de los pecados del pueblo. Que nadie que desee ser hallado vistiendo el traje de bodas resista a nuestro Señor en su obra (*Review and Herald*, 21 enero 1890; ver también 28 enero, 4, 11, 18 y 25 de febrero, 4, 11, y 18 de marzo, etc, del mismo año).

La purificación del santuario celestial incluye una obra paralela en los corazones del pueblo de Dios en la tierra (*El Conflicto*, 478 y 680-681). Su propósito es el de preparar a un pueblo para la traslación. Su pueblo debe finalmente encontrarse con el Señor cara a cara, sin pasar por la muerte (1 Tes 4:15-17).

Pero "nuestro Dios es un fuego consumidor" (Heb 12:29). Si hay pecado todavía enterrado en nuestro corazón cuando comparezcamos ante su presencia, ese fuego deberá "consumirlo", y habremos de ser destruidos con él.

¡Es por ello que el amante Espíritu Santo se esfuerza por traerlo hoy a nuestra atención!

¿Ilustra nuestra historia de 1888 el problema del pecado oculto en los corazones de los adventistas?

Ellen White dijo en numerosas ocasiones que el pecado de quienes rechazaron el mensaje de 1888 fue de la misma naturaleza que el pecado de los judíos, quienes rechazaron a Cristo (por ejemplo, MS 2, 1890; *Testimonios para los ministros*, 64; *Review and Herald*, 11 abril 1893 y un largo etcétera). De sus contemporáneos que rechazaron el mensaje, dijo que "no sabían" de qué espíritu eran (MS 24, 1892).

De no ser por la particular gracia de Dios, no somos por naturaleza mejores que ellos. De igual manera en que participamos del pecado de haber crucificado a Cristo (excepto que recibamos su perdón), participamos también de la culpabilidad de nuestros hermanos de hace más de cien años. Necesitamos el arrepentimiento tanto como ellos.

El arrepentimiento corporativo consiste en el arrepentimiento individual por los pecados que habríamos cometido efectivamente, *de no ser por la gracia de Dios* (Ellen G. White; *Comentario Bíblico Adventista*, vol. V, 1085) El Dr. Arnold Wallenkampf afirma que lo que llevó a nuestros hermanos en 1888 a rechazar el mensaje, fue el pecado de seguir a los demás según una "dinámica de grupo", o un "pensamiento de masas" (*What Every Adventist Should Know About 1888*, 45-46).

Hoy también, nada que no sea la elección de ser crucificados con Cristo nos salvará del pecado de seguir esa dinámica de grupo, en los diversos desafíos que hemos de confrontar. No hay ninguna forma en la que podamos seguir a Cristo, de no ser estando crucificados con él.

Capítulo 7

Cuestiones sobre el arrepentimiento corporativo y denominacional

¿Qué diferencia hay entre "confesión corporativa" y "arrepentimiento corporativo"?

El "arrepentimiento corporativo" está a miles de kilómetros de distancia de lo que un comité pueda hacer o decidir, o de la mera promoción de un lema plasmado en un tríptico, a modo de estrategia para crear un estado de opinión en las "masas". Eso nunca será eficaz, ya que hay muchos que debido a un sentido superficial y arraigado de la "fidelidad" se embarcarían irreflexivamente en cualquiera sea el nuevo programa propuesto, según la dinámica de grupo que le lleva a uno al deseo de no desentonar y seguir la corriente. Una "confesión corporativa" no lograría nada. Cuanto más nos aproximamos al tiempo del fin, menos satisfecho puede estar el Señor con una obra superficial.

La palabra "corporativo" no tiene nada que ver con la organización en el sentido de jerarquía o representación. El arrepentimiento es un don del Espíritu Santo, no un sufragio de votos. La obra del arrepentimiento es siempre individual y personal. La palabra "corporativo" es simplemente la manera de referirse al modo en el que cada "miembro del cuerpo" se relaciona con la Cabeza y con cada uno de los demás (1 Cor 12 y Efe 4).

El arrepentimiento corporativo consiste en arrepentirnos personalmente por los pecados de los demás como si fueran los nuestros, sintiendo el dolor y la culpa de otros miembros del cuerpo, sabiendo que esos serían nuestros propios pecados de no ser por la gracia de Cristo.

Es así como el "mensaje de la justicia de Cristo" se hace relevante. Su justicia nos ha de ser imputada al cien por cien, ya que no poseemos ni un uno por ciento de la misma. De no ser por la gracia de Cristo, compartiríamos la culpa corporativa del mundo entero. Ninguno de nosotros es de forma innata mejor que los demás. Como bien dijo Lutero, todos estamos hechos de la misma "pasta". Todo león es por naturaleza un potencial devorador de hombres, aunque pocos hayan tenido la "oportunidad" real de devorar a un ser humano. Podemos afirmar que los leones comparten una naturaleza corporativa devoradora de hombres.

El Señor Jesús amonesta al "ángel de la iglesia de Laodicea" a que sea celoso y se arrepienta (Apoc 3:14 y 19). Aunque un arrepentimiento tal es siempre personal, lo es también del "cuerpo", y por lo tanto, "corporativo".

El arrepentimiento de la antigua Nínive ante la predicación de Jonás es un ejemplo de arrepentimiento *nacional* liderado por el rey y sus nobles (Jonás 3:5-9). Un arrepentimiento de la iglesia como cuerpo, sería hoy un arrepentimiento *denominacional*. El Señor otorgará ese don, y su honor requiere que haya un pueblo de dirigentes y laicos que responda (Zac 12:10-13:1).[1] [FN# 1 No se trata de laicos tomando la delantera a pastores, y aún menos excluyéndolos: Joel 2:15-17; Mal 3:3; Zac 12:10 y 13.]

¿Cómo puede un arrepentimiento tal extenderse al cuerpo de la iglesia?

¿Es la Iglesia Adventista del Séptimo Día la verdadera iglesia remanente de Apocalipsis 12:17? ¿Es el "Israel" de hoy? No dudamos que lo es.

Los descendientes de Abraham habían de constituir la "iglesia remanente" de su tiempo. Estaban llamados a ser el vehículo por el que Dios evangelizase al mundo. El Señor contaba por entonces con verdaderos seguidores en todas las naciones, lo mismo que hoy hay creyentes verdaderos en cualquier lugar (incluyendo el Islam, el Budismo y el Hinduismo).

¿Por qué eligió Dios entonces a Abraham y a sus descendientes como su "cuerpo" visible en la tierra? Ésta es la razón: "Por medio de ti serán benditas todas las familias de la tierra" (Gén 12:3). La historia de sus descendientes vino a ser en gran medida un auténtico desastre, pero al final del tiempo tiene que suceder algo que nunca antes ha sucedido: la purificación del santuario celestial. Ese gran propósito de Dios tiene que hallar cumplimiento en su pueblo. Es la razón por la que esta iglesia existe.

La Escritura exige la existencia de una iglesia o denominación visible que constituya el "cuerpo" de Cristo en la tierra. No una mixtura dispersa y desorganizada. Un estómago por aquí, un ojo por allá y un oído quién sabe dónde, no constituyen un "cuerpo". Un cuerpo es un organismo coordinado y unido, obediente a la cabeza.

¿Se dará algún día un arrepentimiento tal en el cuerpo de la iglesia?

Algunos críticos y disidentes dicen: 'No; imposible'. Otros vienen a decir lo mismo, pero por diferente razón: no creen que sea necesario. Sin embargo, *Jesús llama precisamente a un arrepentimiento tal*. Y su palabra no puede volver a él vacía. Conviene que recordemos que hay alguien que se opone firmemente al arrepentimiento denominacional, y que cree que es imposible. ¿Su nombre?—Satanás.

La sabiduría humana no basta para dar respuesta a la cuestión, pero la Biblia nos asegura que Dios otorgará a su "cuerpo" (pueblo) un arrepentimiento tal, lo que expondrá la falsedad de Satanás:

> Derramaré sobre la casa de David [dirigentes], y sobre los habitantes de Jerusalem [resto de miembros], espíritu de oración. Me mirarán a mí, a quien traspasaron, y llorarán sobre mí como se llora por unigénito. Se afligirán sobre mí como quien se aflige por primogénito. En aquel día habrá un gran llanto en Jerusalem … En aquel tiempo habrá un manantial abierto para la casa de David y para los habitantes de Jerusalem, para lavar el pecado y la inmundicia (Zac 12:10-13:1).

Apocalipsis describe a la iglesia como venciendo al fin (3:20-21; 19:6-9). Ellen White expresó en numerosas ocasiones su firme confianza en que la Iglesia Adventista del Séptimo Día se arrepentirá finalmente, poniéndose en armonía con el plan de Dios (*Joyas de los Testimonios*, vol. III, 251-255, 289 y 345; *Mensajes Selectos*, vol. II, 449-451 y 458-459; *Testimonios para los ministros*, 49-50, 57 y 58 y 410; *El ministerio médico*, 241-242, etc).

Dudar de lo anterior equivale a ponerse del lado del gran enemigo, ya que Satanás está determinado a que la iglesia remanente no conozca jamás un arrepentimiento tal.

¿Qué puede hacer el Señor para despertar a su pueblo de la tibieza, complacencia y mundanalidad?

La historia y el mensaje de 1888 son a la Iglesia Adventista del Séptimo Día lo que el Calvario y el Nuevo Testamento son para los judíos. Muchos judíos son como nosotros: están mucho más ocupados en sus vidas personales de hoy que en lo que sucedió hace dos mil años en su historia, de la misma forma en que nos sucede a nosotros con nuestra historia de hace más de cien años.

Pero el mensaje de 1888 fue el "comienzo" de la lluvia tardía y el fuerte pregón de Apocalipsis 18, tan ciertamente como que Jesús de Nazaret fue el Mesías de los judíos. El propósito del Señor era hacer de la nación judía su pueblo de evangelistas para el mundo de sus días. En 1888, el propósito del Señor era impregnar a cada congregación adventista del séptimo día con la calidez del genuino amor agapé, para hacerlos los primeros "en cuanto a levantar a Cristo ante el mundo" (ver *El Evangelismo*, 141).

El testimonio inspirado nos dice que tropezamos "como los judíos". Ellen White presenta la cruda verdad. Los subproductos resultantes de ese rechazo a la verdad son la tibieza letal, el legalismo, el espíritu crítico, la confusión y la desunión que es posible constatar por todas partes. El maravilloso mensaje de la sobreabundante gracia de Cristo ha sido "en gran medida" mantenido alejado de nuestro pueblo y del propio mundo (*Mensajes Selectos*, vol. I, 276).

Los que son dados a la crítica y los legalistas suelen dedicarse a deplorar la forma en la que "el pecado abundó" en la iglesia, pero lo que es más importante es la forma en la que "tanto más sobreabundó la gracia". El Señor puede hacer con nosotros lo que deseó hacer por los judíos: conceder el don del arrepentimiento. Y en este tiempo de la purificación del santuario su pueblo debe vencer, allí donde los judíos fracasaron.

¿Aceptan nuestros teólogos y dirigentes de la Asociación General el mensaje del arrepentimiento corporativo y denominacional? Si hay muchos que se oponen, ¿no debería ser silenciado?

Si estamos dubitativos y perplejos, haremos bien en preguntar eso al Señor. Él nos invita a que así lo hagamos: "Venid, y razonemos, dice el Eterno" (Isa 1:18). Con seguridad, no despreciará la plegaria sincera y ferviente de su pueblo. Dijo David: "[El Señor] se inclinó a mí, y oyó mi clamor" (Sal 40:1).

Sabemos que en ocasiones el Señor comisiona a algunos para que digan ciertas cosas que no coinciden con el deseo de los dirigentes oficiales. Hablando en el contexto de 1888, Ellen White se refirió a la experiencia de los apóstoles, y dijo:

"Un ángel del Señor, abriendo de noche las puertas de la cárcel y sacándolos, dijo: Id, y puestos de pie en el templo, anunciad al pueblo todas las palabras de esta vida". Vemos aquí que los hombres que tienen autoridad no siempre han de ser obedecidos, aun cuando profesen ser maestros de la doctrina bíblica. Hay muchas personas hoy en día que se sienten agraviadas e indignadas de que alguna voz se levante para presentar ideas que difieran de las suyas con respecto a puntos definidos de creencias religiosas ...

Pero vemos que el Dios del cielo a veces comisiona a los hombres a enseñar aquello que es considerado como contrario a las doctrinas establecidas ... el Espíritu Santo, de vez en cuando, revelará la verdad por medio de sus propios agentes escogidos; y ningún hombre, ni siquiera un sacerdote o gobernante, tiene el derecho de decir: Vosotros no daréis publicidad a vuestras opiniones, porque yo no creo en ellas. Ese pasmoso "yo" puede intentar derribar la enseñanza del Espíritu Santo. Los hombres pueden por un tiempo intentar aplastarla y matarla; pero esto no convertirá el error en verdad o la verdad en error (*Testimonios para los ministros*, 69-70).

Nótese la expresión "de vez en cuando". Un verdadero seguidor de Cristo respetará la autoridad divinamente instituida. David se guardó de levantar su mano contra el rey Saúl, "el ungido del Señor", incluso sabiendo que Saúl era un apóstata declarado. Elías fue leal y respetuoso con el rey Acab, lo que no le impidió ser franco con él. Jeremías respetó a los reyes Joacim y Sedecías, a pesar de la apostasía de ellos, y procuró ayudarles con toda lealtad.

Ante la prueba, Jesús habló con consideración y franqueza al oficial que le abofeteó, y Pablo incluso se disculpó ante el sumo sacerdote. Ese "de vez en cuando" debe humillar a todo aquel que imagine que el Señor le ha encomendado una obra especial. Como hizo Gedeón, debe poner una y otra vez el vellón de lana, para asegurarse de no estar corriendo por delante del ángel. Una persona reflexiva e informada será extremadamente cuidadosa y constante en la oración, antes de decir públicamente algo que no coincide con la opinión de los dirigentes.

Ahora bien, ese "de vez en cuando" ha tenido una aplicación definida en la historia adventista:

Aun los adventistas del séptimo día están en peligro de cerrar sus ojos a la verdad tal como es en Jesús porque contradice algo que han dado por sentado como verdad, pero que, según lo enseña el Espíritu Santo, no es verdad ...

Los hombres finitos deben cuidarse de tratar de controlar a sus semejantes, ocupando el lugar asignado al Espíritu Santo. No sientan los hombres que es su prerrogativa dar al mundo lo que ellos piensan que es la verdad, e impedir que se le dé algo contrario a sus ideas ...

Es una ofensa para Dios que los hombres conserven vivo el espíritu que se desenfrenó en Minneapolis (*Id.*, 70-76; 30 mayo 1896).

El Señor está dirigiendo a un pueblo; no meramente a unos pocos individuos. A las personas inclinadas al celo exagerado les resulta fácil imaginar que el Señor las ha comisionado a decir algo, pero puede no ser cierto. Jeremías advirtió en contra de los que corrían sin que el Señor los hubiese enviado (23:21-32). No obstante, nuestra historia nos advierte que no debemos seguir ciegamente a los dirigentes, en oposición a la clara dirección del Espíritu Santo. Escribió Ellen White:

Con frecuencia algunos de nuestros hermanos dirigentes se han colocado del lado equivocado; y si Dios mandase un mensaje y aguardase a que estos hermanos más antiguos preparasen su progreso, nunca llegaría a la gente (*Obreros Evangélicos*, 318).

Si el Señor les conserva la vida, y alimentan el mismo espíritu que señaló su conducta antes y después de la reunión de Minneapolis, llenarán también la medida de aquellos a quienes Cristo condenó cuando estaba en la tierra.

Los peligros de los últimos días están sobre nosotros. Satanás controla toda mente que no se halla en forma decidida bajo el gobierno del Espíritu de Dios. Algunos han estado cultivando odio contra los hombres a quienes Dios ha comisionado para presentar un mensaje especial al mundo. Comenzaron esta obra satánica en Minneapolis. Más tarde, cuando vieron y sintieron la demostración del Espíritu Santo que testificaba que el mensaje era de Dios, lo odiaron aún más, porque era un testimonio contra ellos. No quisieron humillar sus corazones para arrepentirse, para dar gloria a Dios y reivindicar la justicia. Continuaron con el mismo espíritu, llenos de envidia, de celos y de malas sospechas, como los judíos. Abrieron sus corazones al enemigo de Dios y del hombre. Sin embargo, estos hombres han estado ocupando puestos de confianza y han estado modelando la obra a su propia semejanza hasta el punto en que les fue possible ... (*Testimonios para los ministros*, 79-80).

Es muy razonable preguntarse si acaso no podríamos hoy estar repitiendo una vez más la historia de 1888. La evidencia pesa a favor de que la triste historia *tenga que repetirse, a menos que se dé el arrepentimiento denominacional*. Es un axioma aceptado, el que una nación que desconoce su historia está condenada a repetirla. Lo mismo se aplica a una iglesia. Pero los dirigentes pueden cambiar. *Es posible aprender las lecciones.*

Estamos sellando día tras día nuestro destino eterno por nuestra forma de reaccionar a la dirección del Espíritu Santo. Conociendo nuestra historia, si elegimos repetirla, nos declararemos con seguridad indignos de la vida eterna. Dios perdonó a la nación judía por crucificar a Cristo. Pero no la perdonó cuando repitió ese pecado al rechazar a los apóstoles y apedrear a Esteban.

La pregunta importante es: ¿Está llamando Cristo mismo a los dirigentes de la iglesia al arrepentimiento? La respuesta se encuentra en Apocalipsis 3:19, donde el llamamiento a arrepentirse se dirige "al ángel de la iglesia de Laodicea" (vers. 14). Si ese llamado es válido, las personas dispuestas en "la casa de David y los moradores de Jerusalem" lo reconocerán y lo afrontarán con valentía.

Hay evidencias que indican cierto progreso en la aceptación de los elementos esenciales del mensaje de 1888 entre los dirigentes. Un expresidente de la Asociación General sustentó firmemente los conceptos de 1888 sobre la justificación, en su presentación en una semana de oración, en noviembre de 1988. El libro del Dr. Wallencampf sobre la justificación (Review and Herald, capítulo 5) también toma la misma posición. Y su libro sobre la historia de 1888 está en armonía con los escritos de Ellen White sobre el particular. Son todos ellos signos por demás animadores.

Si un glaciar inmenso se desplaza una distancia tan exigua como cuatro o cinco centímetros, es posible que se desencadene la avalancha.

Hace unos años la iglesia celebró el centenario de 1888. Ahora que ha pasado, ¿morirán de forma natural esos eventos? ¿No podemos olvidar 1888 y proyectarnos hacia el futuro?

El centenario de 1888 se caracterizó por un notable progreso hacia la realidad. Hoy en día se reconoce casi unánimemente, no solamente que el mensaje de 1888 fue el comienzo de la lluvia tardía y el fuerte pregón, sino también que los dirigentes se colocaron del lado equivocado. Tal reconocimiento significa una extraordinaria y nueva inflexión en la historia del adventismo del séptimo día.

Se ha dicho que es virtualmente imposible alcanzar la unidad denominacional sobre los temas relacionados con 1888. Pero la rapidez en la que el aspecto histórico se ha resuelto, fraguando en una visión que parecía imposible hace unos pocos años, para desembocar en un reconocimiento virtualmente unánime de los hechos, anima a creer que los aspectos restantes, todavía objeto de desacuerdo, pueden igualmente resolverse en un plazo mucho más breve del que imaginamos.

Queda un asunto capital por dilucidar: *¿Cuál fue el auténtico mensaje de 1888?* El Espíritu Santo no nos permitirá evadir el deber de recuperarlo.

¿Se encuentra el mensaje en vías de recuperación?

No debería tomar demasiado tiempo dilucidar de forma objetiva en qué consistió el mensaje. Los escritos publicados de Jones y Waggoner son fácilmente asequibles. Es imposible equivocar su significado.

Una parte cada vez mayor de la membresía ha captado ya una vislumbre de lo que constituye el mensaje, bien sea leyendo reediciones de las obras de los mensajeros de 1888, o mediante seminarios y conferencias al respecto.

El testimonio casi universal de quienes asistieron a tales encuentros indica que el mensaje llega como algo refrescantemente nuevo. 'Nunca había oído con anterioridad una presentación tan clara del evangelio'. '¿Por qué nadie nos habló antes de eso?', etc.

Hace un siglo Ellen White declaró que "no hay ni uno entre cien que comprenda por sí mismo la verdad bíblica sobre este tema [la idea de 1888 sobre la justificación por la fe] ... La gente no tiene una fe inteligente" (*Review and Herald*, 3 setiembre 1889). "Nuestras iglesias están muriendo por falta de enseñanza sobre el tema de la justicia por la fe en Cristo, y de verdades relacionadas" (*Review and Herald*, 25 marzo 1890). Cuando se comprende la realidad del mensaje de 1888, resulta claro que las declaraciones de Ellen White de 1889 siguen siendo hoy verdad actual. Son muy pocos los que han comprendido el mensaje.

Pero hay buenas nuevas animadoras. Cuando se humilla el orgullo denominacional, resulta renovada la confianza en la misión y cumplimiento del cometido adventista del séptimo día.

Asistimos en todos los niveles de la iglesia a un reavivamiento del "adventismo histórico". ¿Consiste en eso el mensaje de 1888?

El mensaje de 1888 no es un mero reavivamiento del "adventismo histórico", ni es un nuevo tipo de legalismo. Los que rechazaron el mensaje en Minneapolis hace más de cien años, eran todos "adventistas históricos". Si pudiésemos resucitar a nuestros predicadores más dinámicos de hace sesenta o setenta años (quienes eran igualmente "adventistas históricos"), su predicación fenecería en medio de la atmósfera inmisericorde que caracteriza estos últimos días. Fue su predicación la que preparó el terreno para nuestra situación actual de confusión y pluralismo, ya que estaban en gran medida desprovistos de los conceptos singulares de buenas nuevas propios de 1888.

La razón es que en esa misma medida carecían de información fidedigna sobre las realidades del mensaje de 1888. En los años subsiguientes a la muerte de Ellen White (1915), debido a que Waggoner y Jones claudicaron, se extendió en la iglesia un profundo prejuicio contra su mensaje. Los conceptos prevalentes sobre el evangelio, en las décadas que siguieron, estuvieron condicionados por el entusiasmo que produjo el movimiento conocido como "La Vida Victoriosa", que infiltró el adventismo en los años veinte y treinta. Nuestros dirigentes denominacionales de aquella época abrazaron públicamente esas ideas evangélicas originadas en la *Escuela Dominical "Times"*, asumiendo equivocadamente que consistía en lo mismo que el mensaje de 1888.

La "Vida Victoriosa" suena bien. ¿En qué consistía?

El tema era la victoria sobre el pecado, inspirando confianza en que el mensaje prepararía a un pueblo para la venida del Señor. Fue una doctrina especialmente atractiva, en aquella era posterior a la primera guerra mundial (años 1920). Pero el "cómo" lograr esa victoria exhibía un doloroso vacío.

Sinceramente desinformados en cuanto al contenido de las auténticas verdades del mensaje de 1888, nuestros hermanos dirigentes de aquella época fueron incapaces de distinguir entre el artículo genuino y su falsificación. La cuestión que demanda ahora nuestra atención es si en algún momento con posterioridad a esos años (década de los años 30) recuperamos los ingredientes espirituales perdidos del mensaje de 1888.

"La Vida Victoriosa" era el mismo mensaje proclamado por los evangélicos en la primera y segunda décadas del siglo pasado. Su propósito era desarrollar la confianza en que uno es salvo, sin consideración alguna por la obediencia a todos los mandamientos de Dios. Su espíritu era manifiestamente ecuménico, compartiendo los conceptos esenciales del movimiento devocional conocido como "la vida interior", que ha florecido en tiempos recientes en la Iglesia Católica.

La pérdida más trágica suele ser precisamente aquella que pasa más desapercibida. Tal es el objeto del llamado de Cristo a Laodicea: "Y tú no sabes" que se ha perdido algo precioso (Apoc 3:15-18). Ezequiel refiere el hecho dramático de que los sacerdotes que servían en el templo de Salomón en los días de Sedequías no supieron cuándo se retiró del templo la presencia del Señor (capítulos 8-10).

El mensaje de los tres ángeles, desprovisto del mensaje del cuarto ángel, no puede alumbrar la tierra con la gloria de Dios. Cuando la historia demanda una respuesta a las generosas providencias de Dios, tal como sucedió en 1888, y el pueblo reacciona negativamente, el fermento resultante resulta en innumerables males. Así lo atestiguan miles de años de historia. También lo atestigua así la tragedia de más de cien años de nuestra historia reciente.

Capítulo 8

Cuestiones sobre el mensaje y la organización de la iglesia

¿Tienen las publicaciones de 1888 la intención de competir con los libros y revistas denominacionales?

No. Alentamos sin cesar a las personas a permanecer bien informadas mediante la lectura de la *Revista Adventista* y nuestra literatura denominacional, así como otra literatura publicada por adventistas del séptimo día leales, quienes ofrecen información que no está disponible en las publicaciones oficiales. Nosotros exponemos un mensaje que no se encuentra allí, procurando llenar un vacío que no se ha cubierto.

¿Resulta el mensaje de 1888 atractivo para los que son dados al fanatismo, el legalismo y la crítica?

Los que más se interesan por el mensaje no son "teólogos", ni aquellos inclinados a encontrar la causa que sea para "protestar". Es cierto que algunos fanáticos tratan de capitalizar el tema e infiltrar en él un legalismo refinado. Pocos reconocerán abiertamente rechazar el mensaje de 1888.[1]

Personas dadas a la crítica y necesitadas de amor, sacan partido de hechos innegables en nuestra historia a fin de condenar a los dirigentes. Pero no están interesados ciertamente en la gracia sobreabundante del mensaje de 1888 ni aprecian su significado.

De hecho, los que se tienen por "ultraconservadores" repudian (incluso con grandilocuencia) elementos esenciales del mensaje. En cierta ocasión vinieron "unos de parte de Jacobo" para turbar a los Gálatas con su legalismo "cristiano" (Gál 2:12). Aquellos cuyos corazones reciben con gozo el mensaje de 1888 son miembros laicos humildes deseosos de encontrarle significado al adventismo, así como pastores y dirigentes que buscan la bendición del Espíritu Santo.

---

1. Los que lo rechazaron en Minneapolis, afirmaban creer y aceptar la "justificación por la fe".

Una gran proporción de jóvenes suspira por conocer al Cristo que está "cercano, a la mano", *capaz de salvar del pecado*, no *en* el pecado. El enemigo de la justicia procuró traer el fanatismo hace un siglo, pero Ellen White comparó los reavivamientos de 1888 a 1891 con el "clamor de media noche" de 1844, momento en el que afirmó que el fanatismo se desvaneció como la niebla ante el sol matinal.

Desgraciadamente, tras la Asamblea de la Asociación General de 1893 apareció la confusión. Cuando el pueblo se dio cuenta finalmente de la dureza de la oposición al mensaje, quedaron perplejos y confusos, sin saber qué hacer. Solamente entonces comenzó a darse cierto fanatismo. El apoyo franco de parte de la Asociación General habría traído el tipo de unidad que mantiene alejado al fanatismo. También en nuestros días, la aceptación sincera e inequívoca del mensaje de la justicia de Cristo cortaría de raíz el fanatismo. El evangelio no producirá jamás fanatismo. La oposición al evangelio sí que lo produce.

¿Acepta el "Comité para el estudio del mensaje de 1888" donaciones en competencia con la obra denominacional regular?

No. De ninguna forma es nuestra intención "debilitar el soporte" a nuestra obra denominacional. Insistimos explícitamente en que no aceptamos diezmos, y urgimos a los miembros a que apoyen en todo respecto a la iglesia según las líneas regulares. La obra mundial de proclamar el mensaje del tercer ángel en verdad, alumbrando toda la tierra con la gloria del mensaje final, está más allá de la capacidad de un segmento, sea cual sea, de la iglesia.

En sus días, Ellen White dio apoyo a lo que hoy llamaríamos "ministerios de sostén propio" leales, no controlados por la Asociación. Uno de ellos fue Madison School en Tennessee. Ella estaba al corriente de la oposición "oficial" al proyecto, oposición que manifestó no estar inspirada por el Espíritu Santo. Los obreros de Madison "no debían ser abandonados a tener que luchar con la incomprensión y la falta de ayuda". "Que nadie pronuncie palabras que tiendan a restarle mérito a su obra". "Nunca, nunca se digan palabras que aumenten la pesadez de la carga".

A un dirigente que estaba inclinado a ponerles impedimentos, le dirigió estas palabras: "Es su privilegio ... y el de aquellos con amplia influencia en la obra, hacer comprender a esos hermanos que cuentan con su confianza y ánimo en la obra que están valientemente llevando a cabo" (SpTB11, 21). "Seamos cuidadosos, hermanos, no vaya a ser que estemos contrarrestando e impidiendo el progreso de otros y dilatando de ese modo el avance del mensaje del evangelio. Se ha obrado así, y ese es el motivo por el que me veo ahora compelida a hablar con esta llaneza … El Señor no pone límites a sus obreros en ciertas líneas, tal como los hombres están inclinados a hacer … Se han retirado medios [financieros] … debido a que [la obra] no estaba bajo el control de la Asociación" (citado en *The Value of Organization*, de C.C. Crisler, secretario personal de Ellen White, Elmshaven Press, 1914; SpTB11, 31).

¿Se opuso Ellen White a los ministerios "irregulares"? ¿Los apoyó?

Contrariamente a los deseos de ciertos dirigentes de la Asociación, dijo: "Se debe animar a los hermanos Sutherland y Magan a que soliciten medios para el soporte de su obra" (*Special Testimonies*, Series B, n° 11, 10, 17, 19-21 y 36; SpM, 422). "Muchos debieran estar en la obra, en las llamadas 'líneas irregulares'. Si un centenar de obreros abandonasen las 'líneas regulares' para dedicarse a la obra sacrificada … serían ganadas almas para el Señor" (Carta J109, 1901; SpM, 195).

¿Deberían confinarse todas las publicaciones a *Review and Herald, Pacific Press*, etc?

Si bien apoyando firmemente la organización de la iglesia según la estableció el Señor, Crisler aportó numerosas declaraciones de Ellen White en apoyo a ministerios independientes que el Señor, de forma inesperada, motiva a que algunos pongan en marcha. Nos informa que Ellen White escribió en estos términos "a un presidente de la Asociación del Sur, que percibía la obra misionera de sostén propio como algo irregular":

> Cristo acepta y está en comunión con los más humildes. No acepta a los hombres debido a sus capacidades o elocuencia, sino porque ellos buscan su rostro, deseosos de su ayuda. Su Espíritu motiva el corazón y pone toda facultad en acción decidida. En estos hombres que no albergan pretensiones, el Señor ve el más precioso material, que resistirá la tormenta y la tempestad, el calor y la presión. Dios no ve como el hombre. Él no juzga por las apariencias: Escudriña el corazón y juzga con justicia …

> ¿Quién le envió a un campo en el que se había hecho una buena obra, para que muestre su celo haciéndola añicos? ¿En eso consiste el trabajar en líneas regulares? Si es así, ha llegado el tiempo de que trabajemos en las irregulares …

Hay hombres que se consagrarán y consumirán en la ganancia de almas. En obediencia a la gran comisión, muchos irán a trabajar por el Maestro. Bajo la ministración de los ángeles, hombres comunes serán motivados por el Espíritu de Dios e irán a advertir a la gente en las avenidas y en los caminos. Se los debe fortalecer y animar, y disponerlos para la labor tan pronto como sea posible, a fin de que el éxito pueda coronar sus esfuerzos. Están en armonía con instrumentos invisibles, celestiales. Son obreros juntamente con Dios, y sus hermanos debieran estrechar con ellos los lazos y orar por ellos mientras que estos trabajan en el nombre de Cristo ...

Nadie tiene autorización para obstaculizar a esos obreros. Se los debiera tratar con el máximo respeto. Nadie debiera dirigirles una palabra provocadora mientras siembran la semilla del evangelio en los terrenos difíciles.

Cristo asistirá a tales obreros humildes. Los ángeles del cielo responderán a los esfuerzos hechos con sacrificio. Jesús motivará los corazones mediante el poder del Espíritu Santo. Dios obrará milagros en la conversión de los pecadores. Los obreros se llenarán de gozo al ver las almas convertidas. Se ganarán hombres y mujeres a la membresía de la iglesia ... Sus oraciones perseverantes traerán almas a la cruz...

Hermano _____, debiera haber muchos en la obra según líneas que en su juicio usted califica de "irregulares". ¿Piensa que sus críticas son el fruto del Espíritu Santo? (p. 12-14; SpM, 194-195).

Ellen White pudo haber publicado en Review and Herald o en Pacific Press El Camino a Cristo. Sin embargo, en 1892 recurrió a una publicadora no adventista para editarlo.

Pero en esas citas Ellen White se está refiriendo a la obra evangelística de sostén propio en favor de los no adventistas

Era el plan de Dios que el mensaje de la justicia de Cristo se llevase a la iglesia y al mundo (*Testimonios para los Ministros*, 91-93; *Mensajes Selectos*, vol. I, 276). El reavivamiento, la reforma y el arrepentimiento son esenciales para la iglesia, *antes* de que la luz del cuarto ángel pueda iluminar efectivamente toda la tierra.

Por lo tanto, en la providencia de Dios, el mensaje de la gracia sobreabundante que Ellen White calificó como "el comienzo" de la lluvia tardía, debe ir primeramente a la iglesia. Una obra tal es el más puro evangelismo ganador de almas.

Mientras tanto, el mensaje recupera a miembros de iglesia que habían caído en el desánimo y se habían alejado, así como a no adventistas. Los responsables de las iglesias pueden gozarse con los nuevos conversos, los miembros recuperados y la afluencia incrementada de recursos materiales de la que gozará la tesorería de iglesia como consecuencia del reavivamiento producido por el mensaje de 1888.

Crisler citó otra carta que Ellen White dirigió "a un dirigente de la Asociación General" en 1901:

> Tan a menudo se suscitan las mismas viejas dificultades en relación con causar problemas a las "líneas regulares" … ¿Cuántos años más tendrán que pasar antes de que nuestros hermanos desarrollen una percepción clara y certera, que llame mal al mal y bien al bien? ¿Cuándo dejarán los hombres de depender de la misma rutina que ha dejado tanta obra pendiente de realizar, que ha dejado tantos campos sin trabajar? ¿No es la actual presentación suficiente para que los hombres vean que es necesario un reavivamiento, y que es esencial una reforma? Si no es así, de nada sirve que repita las mismas cosas una y otra vez … Si podemos salirnos de las líneas regulares hacia algo que, aunque irregular, esté en el orden de Dios, podrá disminuir algo de la obra irregular que se ha desviado de los principios bíblicos.
>
> Los principios de Dios son los únicos que podemos seguir con seguridad. El fariseísmo estaba lleno de líneas regulares, pero tan pervertidos estaban los principios de justicia, que Dios declaró: "Así se retiró el derecho y se alejó la justicia; porque la verdad tropezó en la plaza, y la equidad no pudo venir. La verdad fue detenida, y el que se apartó del mal fue apresado" ¡Cuán ciertas han resultado ser esas palabras! …
>
> Es tan difícil hoy romper con las líneas regulares, como lo fue en los días de Cristo (p. 15-16; 20MR, 142-143).

¿Es posible que el Espíritu Santo haya tocado corazones de hombres, mujeres y jóvenes para que apoyen y proclamen el mensaje de 1888 de la justicia de Cristo?

No nos atreveríamos a afirmar que sea imposible que el Espíritu Santo haga eso. Tampoco sostendrá nadie la arrogante y orgullosa pretensión de ser guiado por el Espíritu Santo. "El que piensa estar firme, mire no caiga". En los días finales de la historia de la tierra todo hijo de Dios debe andar humildemente con el Señor, buscando su conducción a cada paso.

Clarence Crisler resume el consejo de Ellen White en "una carta dirigida al presidente de la Asociación General en 1901", diciendo:

> Se establece el principio de que cuando las agencias señaladas en la iglesia dejan de hacer una obra que de alguna forma debiera hacerse, está

en armonía con la voluntad de Dios que tal obra sea desempeñada por individuos impresionados por el Espíritu Santo a tal efecto (p. 16).

Los principios son eternos. La aplicación de los principios depende de las circunstancias. Sabemos con seguridad que el Espíritu Santo está hoy activo y opera mediante diversas agencias a fin de traer el reavivamiento, reforma y arrepentimiento a la Iglesia Adventista del Séptimo Día, preparándola para que alumbre toda la tierra.

Corresponde a todo miembro de iglesia corroborar que está cooperando con el Espíritu Santo y que no se opone a él tal como hicieron nuestros dirigentes hace más de cien años. A principios de siglo estuvieron inclinados nuevamente a hacer eso mismo cuando Ellen White escribió sus fervientes llamamientos en relación con el fracaso de las "líneas regulares".

Debemos asimismo dar oído al consejo que—según refiere Clarence Crisler—dio Ellen White al advertir contra "movimientos violentos ... e independencia de espíritu" (p. 17). El Señor no motiva a uno o dos solamente, sino a toda una iglesia mundial.

La obra de "Elías" para hoy no estará limitada a uno o dos individuos actuando a su antojo, sin buscar el consejo de otros obreros responsables. Todos los que quieran ponerse a la obra deben consultar con aquellos que tienen una comprensión inteligente de lo que es necesario llevar a cabo. Nunca fue tan imprescindible como ahora el desconfiar del yo y procurar fervientemente consejo una y otra vez, a fin de conocer con seguridad cuál es el deber de cada uno. "Todos vosotros sois hermanos", dice el Señor.

¿Hay tal necesidad del mensaje de 1888 como para asumir la oposición que suscita?

El mundo está en una condición espantosa. Cualquier periódico o informativo nos lo recordará. Los terribles problemas que afligen a África, América Central y del Sur, Oriente Medio, Rusia, Asia, India, Estados Unidos, etc, son el resultado de una gran hambre por oír la palabra del Señor, el puro evangelio de Cristo como "mensaje del tercer ángel en verdad" (*Review and Herald*, 1 abril 1890).

Aunque entre sus dirigentes y resto de miembros haya muchos devotos, la Iglesia Católica Romana no está presentando el mensaje en su pureza. Tampoco lo hacen las iglesias protestantes y evangélicas, por más sinceras y consagradas que sean.

Asimismo, la comprensión previa a 1888—o ajena a 1888—del "mensaje del tercer ángel" adolece de la claridad necesaria para alumbrar la tierra con la gloria del cuarto ángel de Apocalipsis 18. Seríamos desleales a nuestro deber, indignos de las bendiciones de la gracia de Dios, si no hiciésemos todo lo que esté a nuestro alcance para apoyar el mensaje que la inspiración señaló como el "comienzo" de esa luz del cuarto ángel.

El Señor encomendó ese mensaje a la Iglesia Adventista del Séptimo Día hace más de cien años, y "encargó" que se lo llevara al mundo. Nuestra necesidad actual es la de un reavivamiento, reforma y arrepentimiento en el seno de la iglesia, a fin de que estemos en disposición de proclamar claramente el mensaje al propio mundo. La proclamación del evangelio es siempre una obra constructiva, de edificación, gozosa, que trae unidad, caracterizada por una influencia sanadora.

Las "28 creencias de los adventistas del séptimo día", votadas en una sesión de la Asociación General como nuestro virtual "credo", no dicen nada acerca del mensaje de 1888. No se definen en cuanto a la naturaleza humana de Cristo, ni encuanto a la justicia por la fe en el marco del tiempo del fin. ¿Qué lugar tiene entonces el mensaje de 1888?

Algunos han concluido que, puesto que el mensaje de 1888 es causante de controversia y no ha sido nunca aceptado por la dirección oficial de la iglesia, no debería presentárselo a la iglesia ni al mundo.

Por descontado, es muy cierto—y así lo reconocen hoy los dirigentes— que el mensaje no fue aceptado por la dirección de la iglesia hace un siglo. Podemos añadir que en ningún momento subsiguiente se lo ha aceptado. En particular, tres de sus elementos más esenciales han sido calificados de asuntos controvertidos, hasta el punto de haber llegado a imponer silencio al respecto: (1) la naturaleza humana de Cristo; (2) la naturaleza del pecado; (3) la justicia por la fe en el marco del tiempo del fin (*An Appeal for Unity*, 1989, General Conference, 5).

¿No hay que predicar nada, a no ser que esté especificado explícitamente en "Las 28 creencias"? Nada encontramos allí sobre la oración. ¿Jamás debiéramos predicar sobre ella?

Alguien podrá aducir que es permisible predicar sobre la oración aunque no sea ninguna de las 28 creencias, debido a que no causa ninguna controversia, y a que Ellen White la presentó en el capítulo "¿Puede el hombre comunicarse con la Divinidad?" de *El Camino a Cristo*. ¡Pero Ellen

White escribió posiblemente mucho más sobre 1888 (1.821 páginas) que sobre la oración! Declaró que Dios "ordenó" expresamente que el mensaje de 1888 "fuera dado al mundo" (*Testimonios para los ministros*, 92).

La experiencia de unos cuantos años demuestra que cuando se permite la presentación del auténtico mensaje de 1888, la controversia desaparece virtualmente. Una convicción sobria y solemne de que el mensaje es verdad bíblica se arraiga en las congregaciones que acuden a ver y oír la presentación del mismo. La oposición se desvanece.

Pero incluso en las raras ocasiones en las que algunos pretendan oponerse al mensaje suscitando de ese modo la controversia, se nos dice que de acuerdo con la providencia de Dios, tal cosa no debe tomarse por excusa para silenciar el mensaje. Hablando precisamente en el contexto del mensaje de 1888, Ellen White escribió:

> El hecho de que no haya controversia ni agitación entre el pueblo de Dios no debe ser considerado como prueba concluyente de que se está reteniendo la sana doctrina. Hay razones para temer que no se esté discerniendo claramente entre la verdad y el error. Cuando no se levanten nuevas preguntas por la investigación de las Escrituras, cuando no se presente ninguna diferencia de opinión por la cual los hombres se pondrían a escudriñar la Biblia por sí mismos para asegurarse de que poseen la verdad, serán muchos los que hoy, como en los tiempos antiguos, se aferrarán a la tradición y adorarán lo que no conocen ...

> Nuestros hermanos deben estar dispuestos a estudiar con sinceridad todo punto de controversia ... Nunca debemos permitir que se manifieste en nosotros el espíritu que alistó a los sacerdotes y príncipes contra el Redentor del mundo. Ellos se quejaban de que él perturbaba al pueblo y deseaban que lo hubiese dejado en paz, porque causaba perplejidad y disensión (*Obreros evangélicos*, 313 y 316-317).

Los hermanos de la Asociación General y de la *Review and Herald* de hace un siglo rechazaron el mensaje porque pensaron que no estaba incluido en lo que ellos consideraban que debían ser sus "creencias fundamentales". Ellen White los reprendió, afirmando que el mensaje de 1888 es "el mensaje del tercer ángel en verdad" (*Review and Herald*, 1 abril 1890). Si ese mensaje es lo que ella declaró: el "comienzo" del fuerte clamor de Apocalipsis 18, en toda lógica debe aún hoy formar parte de las "28 creencias fundamentales" *en verdad.*

¿Por qué afirman que la Iglesia Adventista del Séptimo Día nunca se convertirá en Babilonia?

La Iglesia Adventista del Séptimo Día triunfará, se arrepentirá, rehusará aceptar la marca de la bestia, puesto que el honor y la vindicación de Cristo requieren que su "cuerpo" le responda positivamente. Y Apocalipsis declara que su "esposa" se habrá por fin "preparado", para que efectivamente tengan lugar las "bodas del Cordero" (19:6-7).

Es cierto que el pueblo organizado de Dios ha fracasado repetidamente en toda la historia pasada. Los judíos fueron finalmente rechazados como pueblo, la iglesia cristiana a lo largo de la historia se ha caracterizado por la apostasía, y la iglesia actual tiene serios problemas que afrontar. Pero eso no es indicativo de que tenga que fracasar al fin.

El asunto importante no es la salvación de nuestras pobres almas, sino el honor y la vindicación del Hijo de Dios, quien dio su sangre por la salvación de la iglesia. No murió en vano, sino que verá el trabajo de su alma y será saciado.

Eso no equivale a decir que todo miembro de la iglesia, ni que todo dirigente vaya automáticamente a triunfar. Habrá un gran zarandeo y vendrán juicios de Dios. Allí donde hoy vemos campos de rico grano, el juicio revelará la existencia de paja (*Testimonios* vol. V, 76-77). ¡Pero también habrá grano auténtico!

En la Escritura y en los escritos de Ellen White hay evidencia abundante de que los que serán finalmente zarandeados y abandonen la iglesia serán los desleales. La evidencia inspirada no indica que los leales corran tal suerte (Isa 17:6-7).[2]

Lo que explica la diferencia es la purificación del santuario; algo que no se ha dado jamás en toda la historia del pasado. Eso incluye la impartición al pueblo de Dios de una nueva motivación que no ha aceptado plenamente la iglesia corporativa en la historia precedente: la preocupación por Cristo, como una verdadera esposa se preocupa por su marido. No se tratará de una mera preocupación egocéntrica.

Es muy cierto que sin esa motivación refrescantemente diferente, le sería imposible vencer. De ahí la necesidad de una "expiación final", una reconciliación final con Cristo. Y eso implica el mensaje de 1888 de

---

2. Ver, por ejemplo: "El Señor obrará de tal manera que los desconformes se separarán de los fieles", *Maranatha*, 198; Isa 49:17 y 19. Ver *De militante a triunfante*: el zarandeo.

la justicia de Cristo. De otra forma no puede prevalecer esa motivación verdaderamente centrada en Cristo. La mera preocupación por la seguridad personal no preparará jamás a un pueblo para enfrentar la prueba de la marca de la bestia.

¿Cómo pueden nuestros dirigentes de hoy arrepentirse por algo que protagonizaron los dirigentes de hace más de cien años?

Es preciso recordar que el arrepentimiento es un don que el Señor concede; no es algo que parta de nuestra iniciativa (Hechos 5:31). Nuestro Señor llama al arrepentimiento "al ángel de la iglesia en Laodicea" (Apoc 3:19). Cuando ejercemos la fe, sus mandatos vienen a ser habilitaciones. Por lo tanto, tiene que haber una forma en la que responder a su llamamiento.

El arrepentimiento sincero es un don del Espíritu Santo; debemos permitirle que lleve a su pueblo a esa experiencia, de la forma que él ha designado. Lo que es importante es que dejemos de obstaculizarlo y le permitamos impartir el don. La tan extendida duda en cuanto a que vaya a traer ese don, constituye un auténtico obstáculo.

El corazón del pueblo de Dios es básicamente sincero; cuando conozca la verdad, responderá. La publicación de los cuatro volúmenes *The Ellen G. White 1888 Materials* es un paso en la buena dirección. Por fin se permite a Ellen White hablar sin trabas ni obstáculos. Los sinceros reconocimientos de la verdad sobre la historia de 1888, en el artículo de Robert Olson (*Ministry*, febrero 1988) significan la primera vez en décadas en que eso se ha publicado de forma franca y abierta. El Señor obrará. Nos encontramos verdaderamente ante los acontecimientos finales de la gran confrontación.

¿Es posible que seres humanos pecaminosos como nosotros podamos jugar una parte en la vindicación de Cristo en la crisis final?

Podemos ciertamente *deshonrarlo*:

> Revelad a Cristo como él es ... Su gloria es disminuida por sus seguidores profesos, porque prefieren las cosas terrenas, son desobedientes, desagradecidos e impíos. Cuán vergonzosamente se mantiene a Jesús en la retaguardia. Su misericordia, su paciencia y su amor incomparable quedan velados, y su honor es anublado por la perversidad de sus seguidores profesos (*A fin de conocerle*, 347).

Si el pueblo de Dios puede *deshonrarlo*, ¿no se deduce acaso que puede honrarlo recibiendo su don del arrepentimiento?

Entonces vendrá el fin. Dios vindicará su ley [no solamente la vindicó] y librará a su pueblo ... cuando la gran controversia termine. Entonces, habiendo sido completado el plan de la redención, el carácter de Dios quedará revelado a todos los seres creados ... Entonces el exterminio del pecado vindicará el amor de Dios y rehabilitará su honor delante de un universo de seres que se deleitarán en hacer su voluntad y en cuyo corazón estará su ley (*El Deseado*, 712-713).[3]

Si bien la cruz "vindicó" efectivamente la ley de Dios y reveló su carácter, dicha vindicación y revelación no será completa hasta el final de la controversia.

La Biblia deja claro que finalmente el pueblo de Dios compartirá con Cristo el privilegio de vencer a Satanás en la gran controversia:

Y ellos le han vencido [a Satanás] por la sangre del Cordero y de la palabra del testimonio de ellos (Apoc 12:11).

En unión con él, en quien también hemos tenido suerte, habiendo sido predestinados conforme al propósito del que efectúa todas las cosas según el designio de su voluntad, a fin de que seamos para alabanza de su gloria (Efe 1:11-12).

Para que la multiforme sabiduría de Dios sea ahora dada a conocer por medio de la iglesia a los principados y potestades en los lugares celestiales (Efe 3:10).

¿Cómo puede hacer eso la iglesia?

Hay una respuesta:

La iglesia dotada con la justicia de Cristo es su depositaria; en ella han de mostrarse en su dimensión plena y final las riquezas de su misericordia, su amor y gracia ... Cristo ve en la pureza y perfección inmaculadas de su pueblo la recompensa de todos sus sufrimientos, su humillación, su amor, y la corona de su gloria (*General Conference Bulletin*, 27 febrero 1893, 409; *Testimonios para los ministros*, 18).

---

3. Honrar—dar gloria a Dios—es nuestra misión, especificada en Apocalipsis 14:7. "Nuestra obra consiste en vindicar el honor de la ley de Dios" (Mensajes selectos, vol. II, 33) "Todo el Cielo está esperando oír cómo vindicamos la ley de Dios" (*Review and Herald*, 16 abril 1901). "Deben cerrar filas ... y con renovada energía vindicar la verdad y el honor de Cristo" (*Review and Herald*, 25 octubre 1881). "Dios tienen un pueblo distinto, una iglesia en la tierra que no es inferior a ninguna, sino superior a todas en sus posibilidades para enseñar la verdad, para vindicar la ley de Dios" (CCh, 240). "Estamos procurando vindicar la ley de Dios. Necesitamos la energía del Espíritu Santo para asistir nuestros esfuerzos" (GW92, 476), etc.

La iglesia es la depositaria de las riquezas de la gracia de Cristo; mediante la iglesia se dará a conocer finalmente, incluso a los principados y potestades en los lugares celestiales, la manifestación plena y final del amor de Dios (*Youth Instructor*, 13 julio 1893).

Aunque la cruz fue una manifestación perfecta del amor de Dios, resta aún algo para que tal manifestación sea "plena y final". Aun siendo completa en la cruz, de acuerdo con 1 Juan 4:12, de alguna forma trascendente su amor debe ser "perfeccionado en nosotros".

El Señor ha enviado a nuestro mundo un mensaje de advertencia: los mensajes de los tres ángeles. Todo el cielo está esperando ver cómo vindicamos la ley de Dios, declarándola santa, justa y buena. ¿Dónde están los que han de realizar esta obra? (*Review and Herald*, 16 abril 1901).

¿Qué significado tiene "vindicar su ley"?

"Cristo representó ese carácter [el carácter de Dios] al vivir su ley, vindicándola de esa manera" (*Review and Herald*, 23 enero 1900). Su pueblo tiene también un importante papel a cumplir. El pueblo de Dios no es como un hormiguero que cabalga sobre un tronco de árbol flotando en un río, sin nada que hacer, excepto dejarse arrastrar por la corriente. Dios ha honrado a su pueblo con una responsabilidad.

El Salvador vino para glorificar al Padre demostrando su amor; así el Espíritu iba a glorificar a Cristo revelando su gracia al mundo. La misma imagen de Dios se ha de reproducir en la humanidad. El honor de Dios, el honor de Cristo, están comprometidos en la perfección del carácter de su pueblo (*El Deseado*, 625).

Satanás está de pie para burlarse de Cristo y de sus ángeles, y para insultarlos diciendo: "¡Los tengo! ¡Los tengo! He preparado mis engaños para ellos. Tu sangre nada vale aquí. Tu intercesión, tu poder y tus obras maravillosas pueden cesar porque los tengo. ¡Son míos!" (*Testimonios*, vol. II, 129).

Obsérvese que Satanás tilda de "inútil" el sacrificio de Cristo cuando el pueblo de Dios fracasa en demostrar su eficacia. "La obra de Cristo y la de todos los que llevan su nombre consiste en refutar las acusaciones de Satanás" (*La Educación*, 154). "Si fuesen reconocidos indignos de perdón [sus hijos] y hubiesen de perder la vida a causa de sus propios defectos de carácter, entonces el santo nombre de Dios sería vituperado" (*El Conflicto*, 677).

"El oprobio que ocasiona el pecado del discípulo recae sobre Cristo. Hace triunfar a Satanás" (*El Deseado*, 751). "Nuestro Señor queda avergonzado por aquellos que aseveran servirle, pero representan falsamente su carácter" (*Id*, 406). Si podemos vituperar "el santo nombre de Dios", ¿no podremos acaso honrarlo?

Supongamos que todo el pueblo de Dios fracasara en la crisis final. ¿Acaso no haría eso "triunfar a Satanás"?

> La iglesia debe llevar, en su nombre, a una perfección gloriosa la obra que él ha comenzado (Ellen G. White, *Comentario Bíblico Adventista*, vol. V, 1119).

> El Señor Jesucristo vino para luchar contra Satanás, quien había usurpado los reinos del mundo. *El conflicto no ha terminado todavía*, y a medida que nos acercamos a la terminación del tiempo la batalla crece en intensidad ... *Cristo será representado en la persona de los que acepten la verdad* y que identifiquen sus intereses con los de su Señor [como lo hace una esposa con su marido] (*Id*, 1080-1081; ver también *Signs of the Times*, 7 setiembre 1891).

Antes que la embarcación llegue al puerto seguro es de esperar que vengan tempestades. Pero el Capitán está al timón. No permitirá que su barco quede encomendado a aquellos que no harían más que destruirlo. Nos llegan buenas nuevas del cielo. *Creámoslas.*

Apéndice

Selección de citas del libro
'The Ellen G. White 1888 Materials'

Las citas reproducidas aquí contienen declaraciones de Ellen White en apoyo al mensaje presentado por Jones y Waggoner. Hay muchas más a lo largo de los cuatro volúmenes del libro, así como en algunos artículos de Review and Herald. Al leer ese material, uno tiene la sensación de estar ante un fenómeno que la resulta ya bien familiar y conocido, una vivencia del déjà vu. Como iglesia, estamos volviendo a repetir esos hechos una vez más, apenas un siglo después. El mismo criticismo injustificado hacia Jones, Waggoner y su mensaje ha sido un rasgo destacado en nuestra actual literatura denominacional. En su día, a Ellen White se le desgarraba el corazón al ver cómo repetíamos la historia del pueblo judío. ¿Qué diría hoy, viéndonos repetirla de nuevo?

La cifra entre paréntesis indica la página en
The Ellen G. White 1888 Materials
en donde se encuentra

Libro uno

El Dr. Waggoner ha abierto ante vosotros una luz preciosa; no luz nueva, sino antigua luz que muchas mentes habían perdido de vista, y que brilla ahora en nítidos rayos (175).

... esos hombres a quienes Dios ha señalado para hacer una obra especial en su causa (186).

Hemos tenido que esforzarnos, orar y obrar, a fin de lograr que el hermano Jones pueda ser oído en Battle Creek (189).

El hermano A.T. Jones se dirigió al pueblo; también lo hizo el hermano E.J. Waggoner, y la gente oyó muchas cosas preciosas que habrían de serles para ánimo y fortalecimiento de su fe (205-206).

El Señor ha suscitado a hombres, y les ha dado un mensaje solemne que llevar a su pueblo (210).

El pastor E.J. Waggoner tuvo el privilegio ... de presentar sus puntos de vista sobre la justificación por la fe y la justicia de Cristo en relación con la ley. No se trataba de luz nueva, sino de antigua luz situada en su justo lugar en el mensaje del tercer ángel (211).

Oí la exposición de preciosas verdades a las que pude responder con todo mi corazón ... me sentí infinitamente agradecida a Dios, ya que comprendí que era el mensaje para este tiempo (217).

... manifestado un espíritu cristiano, tal como el que el pastor E.J. Waggoner demostró en toda la exposición de sus puntos de vista (219).

... hombres que, tanto ellos como yo, teníamos razones para respetar (228).

[El Señor] ha dado a esos hombres [A.T. Jones y E.J. Waggoner] una obra que hacer y un mensaje que llevar, que es verdad actual para hoy ... el mensaje mismo que sé que es verdad presente para el pueblo de Dios en este tiempo (274).

[Dios] tiene gran luz para nosotros en este tiempo (276).

Dios hizo a estos hombres mensajeros para proporcionar luz y verdad al pueblo (279).

El pastor A.T. Jones ha obrado fielmente instruyendo a los reunidos en la asamblea y partiendo para ellos el Pan de vida ... El plan de la salvación tan clara y llanamente definido (280).

El plan de la salvación ... ha sido expuesto con tal claridad, que hasta un niño pueda entenderlo (218).

Si el mensaje que ha sido aquí predicado no es verdad para este tiempo, entonces no sé cómo podemos determinar lo que es verdad (286).

El pastor Jones y yo misma cubrimos las horas de predicación, y el Señor impartió su gracia en rica medida a los predicadores (288).

Pienso que el pastor A.T. Jones debiera asistir a nuestras grandes reuniones campestres y dar a nuestro pueblo, así como a los de fuera, el precioso tema de la fe y la justicia de Cristo (291).

El hermano Jones ha instruido pacientemente al pueblo (291).

... se ha efectuado una obra a fin de anular las labores del pastor A.T. Jones y mi propia obra (298).

... aguas claras de las corrientes del Líbano (305).

... la forma en que mis hermanos trataron a los siervos que el Señor les envió con mensajes de verdad (317).

El hermano A.T. Jones habló sobre el tema de la justificación por la fe, y muchos lo recibieron como luz y verdad (317).

... desprecio hacia sus hermanos, a quienes el Señor había enviado con un mensaje para ellos (322).

... han pensado y dicho peores cosas del hermano Jones y Waggoner (323).

... fue resistido aquello que era luz del cielo (334).

Usted coloca al pastor Jones en una falsa posición, lo mismo que ... otros lo colocaron en Minneapolis (336).

Se me ha preguntado: ¿Qué piensa de esa luz que estos hombres están presentando?—Pues que la he estado presentando en los últimos 45 años: los encantos incomparables de Cristo ... Cuando el hermano Waggoner trajo esas ideas a Minneapolis, fue la primera vez que oía claramente esa enseñanza a partir de labios humanos, excepción hecha de conversaciones que había mantenido con mi marido ... Y cuando otro la presentó, cada fibra de mi corazón dijo 'Amén' (349).

... sus propias versiones incorrectas del asunto, que eran desfavorables al pastor A.T. Jones, E.J. Waggoner, W.C. White y a mí misma (352).

... el hermano Jones esperará una invitación suya. Usted debe hacer su parte en relación con este asunto, y despejar el camino ante él (355)

... emplearon todos sus poderes para buscar algunos defectos en los mensajeros y en el mensaje, y contristaron al Espíritu de Dios (368).

... no fue nada agradable disputar cada palmo de terreno en busca de privilegios y ventajas, a fin de presentar la verdad ante el pueblo (379).

El Señor está hablando mediante sus mensajeros delegados (398).

Podéis encerraros en el orgullo y seguir rechazando a Cristo en la persona de sus mensajeros (398).

Errar es ciertamente humano, y hasta los más sabios cometen a menudo equivocaciones, pero es de nobles confesar el error y no encerrar el corazón en el prejuicio. Intentar convenceros a vosotros mismos y a los demás de haber procedido con justicia ... rechazáis a Cristo al rechazar el mensaje que él envía; al obrar así, os colocáis a vosotros mismos bajo el control del príncipe de las tinieblas. Vuestro discernimiento espiritual se ha embotado. Dios ha enviado mensajes de luz a su pueblo, que habrían sido como bálsamo sanador si se hubiesen recibido; pero no hicisteis tal cosa; como los habitantes de Nazaret, os aprestasteis a rechazar la luz, exaltasteis vuestra propia opinión y juicio como más válidos que el juicio de aquellos a quienes Dios ha hecho canales de luz. Ese curso de acción os ha llevado a una situación en la que vuestra fe es confusa. El dulce y subyugador amor de Dios no ha caracterizado vuestras labores. Habéis presentado frías teorías de doctrina que no producen fruto. Podéis estar satisfechos con los que están presentando y exponiendo lo que es la verdad, pero sigue siendo estéril y desprovista del espíritu (399-400).

Dios os ha enviado un mensaje que desea que recibáis, un mensaje de luz, esperanza y ánimo para el pueblo de Dios (404).

Ante los ojos de Dios es un grave pecado que los hombres se interpongan entre el pueblo y el mensaje que él quisiera hacerles llegar (406).

… volverán a recorrer el mismo terreno de rechazo al mensaje de misericordia, tal como hicieron los judíos en el tiempo de Cristo (406).

… la obra especial que él está haciendo en este tiempo a fin de despertar una iglesia tibia y adormecida (414).

… el mensaje que el Señor envía … la luz del cielo (415).

El Señor ha estado llamando a su pueblo con advertencias, reproches y consejos; pero sus oídos han sido sordos a las palabras de Jesús. Algunos han dicho: "Si este mensaje que el hermano A.T. Jones ha estado dando a la iglesia es la verdad, ¿por qué los hermanos Smith y Butler no lo han recibido?" (416).

Si el pastor Smith o el pastor Butler rechazaran el mensaje de verdad que el Señor ha enviado a su pueblo en este tiempo, su incredulidad ¿convertirá el mensaje en un error? No … Hombres que han ocupado puestos en la dirección se sienten libres para despreciar el mensaje y el mensajero (418-419).

… casi me rompe el corazón ver a aquellos que … rechazan la verdad para este tiempo … Algunos que debieron haber sido los primeros en captar la inspiración celestial de verdad, han estado frontalmente opuestos al mensaje de Dios. Han estado haciendo todo cuanto estuvo a su alcance a fin de manifestar desprecio hacia ambos, el mensaje y el mensajero, y Jesús no ha podido obrar muchas obras poderosas debido a su incredulidad. No obstante, la verdad avanzará dejando de lado a aquellos que la desprecian y rechazan. Aunque aparentemente retardada, no puede ser extinguida. Cuando el mensaje de Dios encuentra oposición, él lo dota con fortaleza adicional a fin de que ejerza una influencia aún mayor. Dotado de energía vital procedente del cielo, se abrirá camino a través de las más espesas barreras, disipará las tinieblas, refutará el error, ganará victorias y triunfará sobre todo obstáculo (420).

… sus agentes escogidos (422).

… su mensaje y mensajeros (423).

… a quienes Dios está usando (443).

Libro dos

El pastor Jones presentó la evidencia bíblica de la justificación por la fe (463).

Asistí a la reunión de las ocho en la sala lateral del tabernáculo, dirigida por el pastor Jones. Hubo una gran asistencia y presentó el tema de la justificación por la fe de una forma clara y llana, con una sencillez tal que nadie necesita quedar en tinieblas, a menos que en él se halle un corazón decididamente incrédulo, que resista la obra del Espíritu de Dios (465).

Temo que muchos abandonen este encuentro con una gran necesidad de las bendiciones mismas que es su privilegio recibir precisamente ahora, y a pesar de la preciosísima luz otorgada a propósito de la importancia de la santificación mediante la verdad (467).

Nunca debe juzgarse a nadie con precipitación … Algunos están entregados a la crítica y a la emisión de juicios, tanto hacia el mensaje como hacia el mensajero enviados por Dios (499).

Aquellos que no acepten el mensaje que el Señor envía, pronto procederán enérgicamente en su contra. Ven evidencia suficiente como para dirigir la mente en la buena dirección, pero son demasiado orgullosos como para someterse. No están dispuestos a reconocer que es correcto aquello que habían declarado ser todo un error (499).

La luz que Dios está dando a su pueblo puede ser despreciada, rehusada, rechazada, pero sólo al precio de un gran peligro para las almas de los hombres. Hermanos, Dios está obrando en nuestro favor, y me siento profundamente preocupada porque no se considere con indiferencia un sólo rayo de luz. Es necesario apreciar y cultivar la comunicación de Dios al hombre. Si no apreciamos la luz del cielo, eso significará nuestra condenación; nuestra posición será similar a la de los judíos al rechazar al Señor de la vida y de la gloria (512).

Presencié las gesticulaciones, los comentarios sarcásticos en relación con los mensajeros y el mensaje—esa doctrina que difería con sus ideas sobre la verdad; y se me ha indicado que hubo un testigo en cada habitación, tan ciertamente como lo hubo en la fiesta del palacio de Belsasar (517).

¿Por qué seguís ese curso de acción, dejando de asistir a reuniones en donde se investigan puntos de la verdad? Si tenéis una posición, presentadla claramente (528).

Si tenéis verdad, decidla; si vuestros hermanos tienen verdad, sed humildes y sinceros ante Dios y decid que es verdad (528).

Si las ideas presentadas ante la asamblea pastoral son erróneas, salid al frente como auténticos hombres y presentad con sencillez la evidencia bíblica que os impide ver el tema como ellos lo ven. Ese es vuestro deber … No os mantengáis en la posición que ocupáis como dirigentes en la Escuela Sabática, resistiendo la luz o las posiciones e ideas presentadas por hombres que yo sé que son agentes que el Señor está empleando. Contrarrestáis hasta donde os es posible sus palabras, y no venís vosotros mismos a la luz como deben ir los cristianos a la Palabra para investigarla juntos con corazones humildes; no escudriñéis la Biblia para poner en ella vuestras ideas, sino para extraerlas de ella. Tal es vuestro deber (529).

Venid y aprended precisamente las ideas avanzadas (531).

Sé que ha habido esfuerzos—una influencia contraria—para asfixiar la luz, la luz que Dios ha procurado fervientemente traer ante nosotros en relación con la justicia de Cristo; pero si es que Dios ha hablado por mí medio, es la verdad, hermanos (537).

Podéis cerrar la puerta de vuestro corazón a fin de que la luz que Dios os ha enviado en el último año y medio –aproximadamente– no tenga su influencia y efecto sobre vuestra vida, ni alcance a vuestra experiencia religiosa. Para eso es para lo que Dios envía a sus mensajeros (538).

Nuestros hombres jóvenes miran a los de mayor edad, que siguen en su posición rígida y para nada se moverán a fin de aceptar ninguna nueva luz que venga; se mofarán y ridiculizarán lo que esos hombres dicen y hacen como si fuese algo intrascendente. ¿Quién es responsable por esa burla, por ese desprecio, os pregunto? ¿Quién la protagoniza? Los mismos que se han interpuesto en la luz que Dios ha dado, haciendo que no llegue al pueblo que debió recibirla (540-541).

Si os habéis interpuesto entre el pueblo y la luz, apartaos del camino; de lo contrario, Dios os apartará (541).

... a fin de poder estar lado a lado con los mensajeros de Dios que yo sabía que lo eran, que sabía que tenían un mensaje para su pueblo. Di mi mensaje junto a ellos en armonía con el mismo mensaje que estaban llevando (542).

He viajado de lugar en lugar asistiendo a reuniones en donde se predicaba el mensaje de la justicia de Cristo. Consideré un privilegio estar junto a mis hermanos [Jones y Waggoner] ... Vi cómo el poder de Dios asistía al mensaje ... Dios ha puesto su mano para hacer esta obra ... El Señor reveló su gloria y sentimos la profunda influencia de su Espíritu. El mensaje llevó en todo lugar a la confesión del pecado y a la expulsión de la iniquidad ... ¿Por cuánto tiempo los que están a la cabeza de la obra se mantendrán alejados del mensaje de Dios? ... Debemos retirar nuestras manos del arca de Dios ... Suponed que borráis el testimonio que se ha estado dando durante los últimos dos años [escrito en 1890], proclamando la justicia de Cristo. ¿A quién podríais entonces señalar como trayendo luz especial para el pueblo? Este mensaje, tal como se lo ha presentado, debe llegar a toda iglesia ... Queremos ver quién ha presentado al mundo las credenciales del cielo (545).

Hay luz que se está derramando sobre nosotros; por meses hemos estado rogando que el pueblo venga y acepte la luz, y no saben si hacerlo o no (556).

Sé positivamente que Dios ha dado preciosa verdad en el momento oportuno a los hermanos Jones y Waggoner. ¿Significa que los considero infalibles? ¿Quiero decir con ello que es imposible que hagan una declaración, o tengan una idea que no pueda ser cuestionada o que sea errónea? No, no hay tal cosa. No digo eso de ningún hombre en el mundo. Sin embargo, afirmo que Dios ha enviado luz, y sed cuidadosos en el trato que le dais (566).

Afirmamos que Dios nos ha dado luz en el momento oportuno. Y ahora debiéramos recibir la verdad de Dios—recibirla como algo de origen celestial (567).

No deis la espalda al mensaje que Dios envía, como hicisteis en Minneapolis (571).

No tenemos duda alguna de que el Señor estuvo con el pastor Waggoner cuando predicó ayer. No nos queda ninguna duda. No tengo duda ninguna de que el poder de Dios estuvo en gran medida sobre nosotros, y ayer por la tarde en la reunión de la asamblea pastoral, para mí todo fue luz en el Señor (607).

Si nos colocamos en una posición en la que no vamos a reconocer la luz que Dios envía, o sus mensajes a nosotros, estamos en peligro de pecar contra el Espíritu Santo. Por lo tanto, ¿nos volveremos y procuraremos encontrar alguna pequeña cosa que se haya hecho, a fin de colgar allí nuestras dudas y comenzar a cuestionar? El asunto es: ¿ha enviado Dios la luz?, ¿ha suscitado Dios a esos hombres para proclamar la verdad? Afirmo que sí, que Dios ha enviado esos hombres para que nos la traiga. Dios me ha permitido tener luz en cuanto a lo que es su Espíritu, por lo tanto, lo acepto, y no me atreveré a levantar más mi mano contra esas personas, ya que sería levantarla contra Jesucristo, quien debe ser reconocido en sus mensajeros (608).

Quisiera que cada uno de vosotros fueseis cuidadosos en cuanto a qué posición tomáis; si os rodeáis de las nubes de incredulidad debido a que veis imperfecciones, veis una palabra o una pequeñez, quizá, que pueda haberse producido, y los juzgáis por ello (608-609).

Estoy gozosa—sí, estoy tan agradecida—de que algunos estén comenzando a ver que hay luz para nosotros (612).

Os digo ahora que Dios no será burlado. Dios es un Dios celoso, y cuando manifiesta su poder de la forma en que lo ha hecho, manifestar incredulidad está muy cerca del pecado contra el Espíritu Santo. Las manifestaciones del poder de Dios no han tenido efecto ninguno en cuanto a hacer cambiar y despertar a las personas de su posición de duda e incredulidad. ¡Dios nos ayude a escapar a las trampas del diablo! Si es que alguna vez hubo personas que necesiten ser retiradas, son aquellas que tomaron la posición equivocada en Minneapolis en aquella ocasión [sermón dado en marzo de 1890]. Es muy cierto lo escrito sobre que nada podemos hacer contra la verdad, sino sólo a favor de ella. La preciosa verdad de Dios triunfará; lleva en ella misma el triunfo y no caerá por tierra, sino que serán algunos los que caerán, como sucedió en los días de Cristo. Él tuvo que hacer nuevos odres para poder contener el buen vino del reino. Lo mismo hará aquí.

Ahora he visto cómo obra el enemigo ... Esparce las semillas de incredulidad por doquier ... y mina la confianza del pueblo en las mismas verdades que Dios quiere enviar a su pueblo. He dicho una vez tras otra a mis hermanos aquí, que Dios me ha mostrado que suscitó hombres aquí para llevar la verdad a su pueblo, y que se trata de la verdad (614).

Ayer E.J. Waggoner pronunció un discurso poderoso. Muchos que estuvieron presentes han hablado conmigo, y su testimonio fue unánime de que Dios habló por su medio (617).

El pastor Waggoner habló con mucha humildad (625).

Waggoner habló bien (628).

Envié un mensaje al hermano [Dan] Jones [secretario de la Asociación General] para que invitase al pastor Waggoner a hablar. Pareció haber una cierta resistencia, pero finalmente se lo invitó, y dio un preciosísimo discurso sobre el mensaje a la iglesia Laodicense: exactamente lo que se necesitaba (629).

Ese espíritu no lleva la marca divina, sino la del poder y sutileza del enemigo de Dios y del hombre [referido a Dan Jones, en relación con su cuestionar los Testimonios y el mensaje dado en Minneapolis]. Afirmo que proviene de abajo y no está en armonía con el Espíritu de Dios o con el mensaje que él ha dado a sus siervos para el tiempo presente (630-631).

Toda mente que se incline a la incredulidad y a las habladurías de unos y otros, y que actúe en contra de la luz y las evidencias que se han presentado desde el encuentro de Minneapolis, os digo hermanos, temo en gran manera que termine por caer (638).

El hermano Jones habló con gran llaneza y también con cortesía, en relación con las habladurías de aquellos que no se dirigieron en amor fraternal a la persona objeto de los comentarios, a fin de preguntarle si tales informes eran ciertos (642).

Dios ha suscitado sus mensajeros para hacer su obra para este tiempo. Algunos se han retirado del mensaje de la justicia de Cristo para criticar a los hombres y sus imperfecciones, debido a que no presentan el mensaje de verdad con toda la gracia y refinamiento deseados. Muestran demasiado celo, son demasiado fervientes, son demasiado positivos ... Cristo ha tomado nota de todos los comentarios incisivos, orgullosos y despectivos pronunciados contra sus siervos, como siendo contra él mismo ... La luz que ha de alumbrar la tierra con su gloria será llamada luz falsa por aquellos que rehúsan caminar en su gloria creciente … Han sido enviados mensajes al pueblo de Dios, llevando las credenciales divinas … presentados ante nosotros con belleza y amabilidad, para deleitar a todos aquellos cuyos corazones no estuviesen cerrados por el prejuicio (673).

Si Underwood persiste en su estado de oposición, con sus sentimientos en guerra contra A.T. Jones y E.J. Waggoner, mantenedlo en el Este; no le permitáis disponer de un amplio territorio en el que difundir y sembrar por doquier la semilla de la envidia, los celos y la rebelión (688).

El resultado de esa oposición ha sido un estudio más ferviente y decidido de este asunto, motivando a una más profunda investigación del tema y encontrando una serie de argumentos que el mismo mensajero no sabía que fuesen tan sólidos, tan plenos, tan exactos en cuanto a este tema de la justificación por la fe y la justicia de Cristo como nuestra única esperanza (703).

Los hombres que debieron haber permanecido en la luz, cuyas voces debieran haberse oído en el sentido positivo, ejercieron su influencia del lado equivocado con el fin de oponerse a aquello que venía de Dios y resistir ese mensaje que el Señor envía (703).

Ninguna confesión ha provenido de sus labios, y me he visto obligada a enfrentar su influencia en Minneapolis y a partir de entonces, en todo lugar en el que haya estado; y ahora está a punto de terminar el año 1890. ¿Caerá sobre la Roca y será quebrantado? ¿Evadirá el asunto como ha venido haciendo? Los pastores Millers presentaron ambos su caso como una evidencia de que debían resistir al Espíritu Santo, al mensaje y al mensajero. El hermano Rupert tiene una obra de confesión [por hacer] … el hermano Smith ha sido su piedra de tropiezo y la piedra de tropiezo de muchos otros (733).

Usted respondió a mi carta de llamamiento escribiéndome una carta en la que acusaba al pastor Jones de socavar los pilares de nuestra fe. ¿Era eso cierto? … Cristo llamaba solicitando entrar, pero no se le hizo ningún sitio … y la luz de su gloria, tan cercana, fue retirada (734).

El Dios de Israel ha abierto las ventanas del cielo y enviado al mundo abundantes provisiones de luz, pero esa luz ha sido rechazada (746).

"¿Qué señal nos muestras?" … las mismas palabras que se me repiten desde el encuentro de Minneapolis … Ahora no siento inclinación a conversar con los hombres que ocupan puestos de responsabilidad …

me siento más libre hablando a los no creyentes, que hablando a los que ostentan puestos de responsabilidad, y que tan grande luz han tenido (798-799).

Desde la Asamblea de la Asociación de 1888, Satanás ha estado obrando con poder especial mediante elementos no consagrados, a fin de debilitar la confianza del pueblo de Dios en la voz que ha estado llamándoles durante todos estos años (803).

En ese encuentro [Minneapolis, 1888] se ha presentado luz preciosísima … He oído muchos testimonios en todas las partes de la obra: "Hallé luz, preciosa luz". "Mi Biblia es un Libro nuevo" (828).

Habrá quienes resistirán la luz, así como a quienes Dios ha hecho sus canales para comunicar la luz … Los centinelas no han estado a la altura de la misericordiosa providencia de Dios, y tanto el auténtico mensaje proveniente del cielo como los mensajeros son objeto de burla (831).

El enemigo tomó posesión de las mentes y su juicio se volvió inservible, sus decisiones fueron malvadas, puesto que no tenían la mente de Cristo. Hicieron injusticia continua a las personas de las que hablaban y tuvieron un efecto desmoralizador en la asamblea (837).

El Señor tiene hombres oportunos por medio de los cuales está obrando. A partir de este encuentro habrá cambios decididos en nuestras iglesias. Se hace profesión de fe, pero hay una marcada carencia de la fe que obra por el amor y purifica el alma (838).

Se me ha advertido una y otra vez en cuanto a cuál será el resultado de esa guerra que mantenéis persistentemente contra la verdad (842).

Cuando afirmó que no había albergado sentimientos contrarios al pastor Waggoner y al pastor A.T. Jones, me sorprendió. Quizá usted piense de esa manera, pero para mí es un misterio cómo llega a pensar así. Los sentimientos que usted mismo y el pastor Butler acariciaron, fueron no sólo de desprecio hacia el mensaje, sino también hacia los mensajeros. Pero la ceguera de pensamiento se ha establecido como una barrera contra la luz que el Señor dispuso que viniera a su pueblo (846).

[El pastor Prescott] confesó entonces que en el encuentro de Minneapolis y a partir de entonces, no había albergado sentimientos correctos. Pidió el perdón de todos, y especialmente el de los hermanos Waggoner y Jones. Creo que el hermano Jones no estaba presente. Tomó entonces el brazo del hermano Smith, y ambos pasaron al frente. El hermano Smith dio pues el primer paso, pero aunque el hermano Prescott había preparado el camino, no aprovechó la oportunidad. Todo cuanto dijo fue: "El asunto me afecta; me concierne" (862).

Oh, cómo clamaba mi espíritu por los hombres que al resistir la luz que Dios ha dado durante los últimos dos años han cerrado el camino a fin de que el Espíritu de Dios no pudiera acceder a sus corazones. Oigo una voz diciéndoles: "Todavía sois incrédulos. Separaos, o bien cerrad las filas viniendo a alistaros y uniros de todo corazón con la obra" (867).

Hablé basándome en el capítulo 15 de Juan … a continuación el pastor Waggoner habló del bautismo … E.J. Waggoner administró la sagrada ordenanza a nueve almas fervorosas que sintieron que era su deber ser bautizadas, y la iglesia las recibió (874).

En sus puestos de responsabilidad en Minneapolis [en la Asamblea de la Asociación, el pastor Smith y el hermano Rupert] … tomaron la verdad con ligereza, y también a quienes se alistaron con ella (875).

El pastor Waggoner reclamó y urgió mucho para que me dirigiera nuevamente a la asamblea pastoral (889).

En el temor y amor de Dios digo a aquellos ante quienes comparezco hoy, que hay para nosotros luz acrecentada, y que con la recepción de esa luz vienen grandes bendiciones. Y cuando veo a mis hermanos encendidos de ira contra los mensajes y los mensajeros de Dios, pienso en escenas similares en la vida de Cristo y de la Reforma. La recepción dada a los siervos de Dios en épocas pasadas, es la misma que se da hoy a los portadores a quienes Dios está enviando preciosos rayos de luz. Los dirigentes del pueblo siguen hoy el mismo curso de acción que siguieron los judíos. Critican y cuestionan vez tras vez, y rehúsan admitir la evidencia, tratando la luz que les es enviada de la misma manera en que los judíos trataron la luz que Jesús les trajo (911).

Ignorar el Espíritu de Dios, acusarlo de ser el espíritu del diablo, colocó [a los judíos] en una posición en la que Dios no tenía poder para alcanzar sus corazones.

Algunos en Battle Creek llegarán sin duda a ese punto si no cambian su curso de acción … Están transitando el camino de la culpabilidad de la que no puede haber perdón ni en este siglo ni en el venidero … En este, nuestro día, hay hombres que se han colocado a sí mismos en donde son totalmente incapaces de cumplir las condiciones para el arrepentimiento y la confesión; por lo tanto, no pueden hallar gracia ni perdón…

El Señor ha estado llamando a su pueblo … Pero el mensaje y los mensajeros no han sido recibidos sino despreciados…

Al rechazar los mensajes dados en Minneapolis, los hombres cometieron pecado. Cometieron un pecado mucho mayor aún al retener durante años el mismo odio contra los mensajeros de Dios, mediante el rechazo de la verdad que el Espíritu Santo ha estado urgiendo a aceptar (912-913).

Libro tres

¡Cuál es el dolor de mi corazón, debido al espíritu que ha caracterizado las juntas y comités! ¡Qué espíritu se ha introducido en ellas! Las ideas y opiniones de uno afectan a otro, y ha habido una gran cantidad de crítica e ironía. En vuestras reuniones ha habido un Vigilante que ha tomado nota de todo. Esas armas envilecen al que las emplea, pero no le proporcionan victorias. Las cosas sagradas se han degradado al nivel de lo común. Vuestra ironía y agudo criticismo, propio de los infieles, satisfacen al diablo y no al Señor. El Espíritu de Dios no ha controlado vuestros consejos. Ha habido falsos informes acerca de los mensajeros y de los mensajes. ¿Cómo os atrevéis a hacer eso? (941).

Hay una acusación satánica contra los hombres que debieran ser respetados, hombres a quienes Dios está usando (947).

No quisiera repetir ahora ante vosotros las evidencias, en los últimos dos años [fechado 1890], de la acción de Dios mediante sus siervos escogidos; os es manifiesta la evidencia actual de que es Dios quien obra (954).

Sea cuidadoso en cuanto a tomar posición contra el pastor Waggoner. ¿No tiene acaso la mayor evidencia posible de que el Señor ha estado comunicando luz por medio de él? Yo sí la tengo… (977).

El Señor ha suscitado mensajeros y los ha dotado con su Espíritu … Que nadie se aventure a interponerse entre el pueblo y el mensaje del cielo (992).

Usted es demasiado agudo y severo hacia sus hermanos más jóvenes en edad, pero a los cuales el Señor está usando de forma manifiesta para dar luz a su pueblo (1004).

El Señor Jesús es deshonrado cuando los hermanos de una misma fe se acusan y menoscaban la influencia de uno de los mensajeros delegados del Señor. Los enemigos de la verdad sacarán el máximo provecho del más pequeño detalle con el que puedan suscitar suspicacias hacia los hombres mediante los cuales Dios está dando luz al pueblo. Poner el obstáculo que sea en el camino de esa luz hacia el pueblo será registrado como un grave pecado a la vista de Dios ... Que la influencia llena de gracia que Dios le ha dado para salvar almas de la ruina no sea empleada para debilitar la influencia de otros a quienes el Señor está usando (1009).

Usted pensó que podía hallar inconsistencias en A.T. Jones y E.J. Waggoner ... En la intensidad de sus sentimientos pueden cometer equivocaciones; sus expresiones pueden en ocasiones ser más enérgicas de lo que sería bueno para impresionar favorablemente las mentes. Pero ... no conozco pecados mayores ... que los de albergar celos y odio contra ... un hermano que presenta un punto de vista que no armoniza exactamente con su comprensión de las Escrituras. El yo se pone en pie, aparece un espíritu determinado e impetuoso. Se coloca al hermano en una posición que deteriora su influencia ... ¿Sobre quién redundará el mal? Sobre el Hijo del Dios infinito (1011).

Sus hermanos no son basura inservible, no merecen ser tomados a la ligera, como han hecho algunos en los últimos años. Los libros del cielo contienen registros graves que se examinarán, respecto a la manera en la que algunos han tratado lo que compró la sangre de Cristo (1012).

Deberíamos ser los últimos de la tierra en permitirnos en el menor grado el espíritu de persecución hacia aquellos que están llevando el mensaje de Dios al mundo. Ese es el rasgo más terrible y anticristiano que se ha manifestado entre nosotros desde el encuentro de Minneapolis. Algún día se lo verá en su verdadero significado, con todo el peso de horror que de él ha resultado (1013).

Hemos esperado que venga del cielo un ángel a alumbrar toda la tierra con su gloria ... Pero ese poderoso ángel no trae un mensaje suave y agradable, sino palabras calculadas para agitar profundamente los corazones de los hombres (1015)

Algunos pueden decir: "No odio a mi hermano; no soy tan malo como para hacer eso". Pero ¡qué poco conocen sus propios corazones! Pueden creer que tienen celo por Dios en sus sentimientos contra su hermano, y si las ideas de este parecen de alguna manera estar en conflicto con las suyas, afloran a la superficie sentimientos que nada tienen que ver con el amor. No muestran disposición alguna a armonizar con él. Sea que estén o no en abierta enemistad con su hermano, este puede estar llevando un mensaje de Dios al pueblo: precisamente la luz que necesita para este tiempo (1022).

¿Soportará el mensajero de Dios la presión ejercida contra él? Si es así, es porque el Señor le ordena resistir en su fortaleza y vindicar la verdad enviada por Dios (1023).

Cuando la verdad es presentada por alguien que está él mismo santificado por ella, tiene una frescura, una fuerza y poder que traen convicción al oyente. La verdad, con su poder sobre el corazón, es preciosa, y la verdad dirigida al intelecto resulta clara. Ambas son necesarias: la palabra y el testimonio interior del Espíritu (1024).

Ha habido un esfuerzo determinado por anular el mensaje que Dios ha enviado (1024).

Si los mensajeros del Señor, tras haberse mantenido en favor de la verdad por un tiempo, cayeran bajo la tentación y deshonrasen a Aquel que les ha asignado su obra, ¿probaría eso que el mensaje no era verdadero? No, ya que la Biblia es verdadera (1025).

Pregunto: ¿Qué significa la contención y la disputa entre nosotros? ¿Qué significa ese espíritu áspero, implacable, que se ve en nuestras iglesias e instituciones, y que es tan anticristiano? Tengo profundo dolor de corazón debido a que he visto la rapidez con la que se critica una palabra o una acción de los pastores Jones o Waggoner. Cuán rápidamente pasan muchas mentes por alto todo el bien que ha venido mediante ellos en los pocos años pasados, y no ven evidencia de que Dios está obrando mediante esos instrumentos (1026).

El Señor ha dado evidencia abundante en mensajes de luz y salvación. No es posible darles más tiernos llamados ni mejores oportunidades a fin de que hagan lo que debieron hacer en Minneapolis. La luz se ha estado retirando de algunos y desde entonces han estado caminando a la luz de la lumbre de su propia manufactura (1030).

La ligereza de algunos, las palabras desmedidas de otros, la forma de tratar al mensajero y al mensaje mientras se encontraban en sus lugares privados, el espíritu que se puso en acción desde lo bajo, todo ha quedado registrado en los libros del cielo (1031).

Los hombres, en su ceguera, han causado un grave daño, obrando contra los mensajeros y los mensajes que Dios ha enviado, de forma que temo que sea un gran error recompensarles concediéndoles posiciones de confianza como si fuesen hombres en los que se pudiera confiar (1034).

[Carta a A.T. Jones, fechada 1892] Evite toda expresión que tenga apariencia de extremismo, ya que aquellos que están esperando una oportunidad, echarán mano de toda palabra expresada con fuerza para justificarse en sus sentimientos de llamarle extremista (1038).

Por tanto, que los escogidos de Dios no sean hallados en oposición hacia los mensajeros y mensajes que él envía ... no contra los hermanos, no contra los ungidos del Señor (1038).

Algunos han hecho confesión ... Otros no lo han hecho, ya que eran demasiado orgullosos como para eso, y no han venido a la luz. En la reunión estuvieron motivados por otro espíritu y no conocieron que Dios había enviado a esos hombres jóvenes, a los pastores Jones y Waggoner, para que les llevasen un mensaje especial; mensaje que ellos trataron con ridículo y desprecio, no reparando en que las inteligencias celestiales estaban observándolos y registrando sus palabras en los libros del cielo (1043).

El pueblo de Dios ha tenido una oportunidad de ver cuál es la obra que esos agentes están haciendo, y no obstante, aquellos que se oponen a los puntos de verdad que ellos están trayendo, manifestarán, si se les presenta la ocasión, que no están en armonía con ellos, y llegarán a decir: Tened cuidado con lo que están enseñando, pues llevan las cosas al extremo; no son hombres rectos (1044).

Es muy posible que el pastor Jones o Waggoner puedan ser vencidos por las tentaciones del enemigo; pero si sucediera así, eso no probaría que ellos no hubiesen tenido un mensaje de Dios, o que la obra que hicieron fuese una equivocación. Si eso ocurriera, cuántos no tomarían esa posición, entrando en un engaño fatal a causa de no estar bajo el control del Espíritu de Dios. Caminan a la luz de su propia lumbre y son incapaces de distinguir entre el fuego que ellos mismos han encendido y la luz que Dios ha dado, y caminan en la ceguera como hicieron los judíos.

Sé que esa es precisamente la posición que muchos tomarían si alguno de esos hombres cayera, y oro porque esos hombres sobre los que Dios ha puesto la responsabilidad de una obra solemne puedan dar un sonido certero a la trompeta y honren a Dios a cada paso, y que su camino pueda ser siempre cada vez más luminoso hasta el final del tiempo (1045).

Cuanto más cerca de Cristo caminemos, quien es el centro de todo amor y luz, mayor será nuestro aprecio por sus portadores de luz ... No puede amar a Dios y dejar de amar a sus hermanos (1049).

Hemos de orar, no solamente para que sean enviados obreros al gran campo de la cosecha, sino para que tengamos una clara comprensión de la verdad, de tal manera que cuando vengan los mensajeros de la verdad podamos aceptar el mensaje y respetar al mensajero (1050).

Ambos, mensaje y mensajero, han sido puestos en duda por aquellos que debieran haber sido los primeros en discernir y actuar de acuerdo con la palabra de Dios (1051).

Guardaos de ridiculizar al mensaje o al mensajero (1052).

El verdadero cristiano temerá tomarse a la ligera el mensaje de Dios, no vaya a ser que ponga una piedra de tropiezo en el camino de un alma (1052).

El mensaje que nos ha sido dado por A.T. Jones y E.J. Waggoner es el mensaje de Dios a la iglesia de Laodicea (1052).

Las muchas y confusas ideas en relación con la justicia de Cristo y la justificación por la fe, son el resultado de la posición que usted ha tomado hacia el hombre y el mensaje enviados por Dios [carta a U. Smith, fechada 1892] (1053).

¿Por qué prestar tanta atención a lo que a vosotros os parece objetable en el mensajero, mientras que barréis todas las evidencias que Dios ha dado a fin de que la mente se establezca respecto a la verdad? (1060).

Ninguno de los que se alistaron para servir a Dios estará libre de tentación. Satanás dirá: "No te embarques en ninguna obra peculiar. No trabajes como un esclavo a menos que se te pague bien por ello" (1064).

Tú [Frank Belden, sobrino de Ellen White] te uniste con aquellos que resistieron al Espíritu de Dios. Tuviste toda la evidencia necesaria para saber que el Señor estaba obrando mediante los hermanos Jones y Waggoner, pero no recibiste la luz ... que esos hombres tenían un mensaje de Dios, y tú tomaste a la ligera tanto al mensaje como a los mensajeros (1066).

Nunca antes había visto entre nuestro pueblo una tal autocomplacencia y falta de disposición a aceptar y reconocer la luz, como la manifestada en Minneapolis. Se me ha mostrado que ninguno de la compañía que acarició el espíritu manifestado en aquel encuentro tendría ya nunca más clara luz para discernir lo precioso de la verdad que se les envió desde el cielo, hasta que humillaran su orgullo y confesaran que no habían actuado según el Espíritu de Dios … Actuaron según el mismo espíritu que inspiró a Coré, Dathán y Abiram… [El ángel del Señor dijo] "El pueblo está actuando según la rebelión de Coré, Dathán y Abiram … No es a ti [Ellen White] a quien están despreciando, sino a los mensajeros y al mensaje que envié a mi pueblo. Han mostrado su desdén hacia la palabra del Señor" (1067-1068).

Dios esperaba que los centinelas se levantaran y con voces unidas proclamasen un mensaje decidido … Entonces la clara y poderosa luz de ese otro ángel que desciende del cielo teniendo gran poder, habría alumbrado toda la tierra con su gloria. Llevamos años de retraso … el mismo mensaje que Dios dispuso que se abriese camino desde el encuentro de Minneapolis … mensajeros celestiales se han apesadumbrado, impacientes por la demora … mensaje de verdad que los ángeles del cielo procuraron comunicar mediante agentes humanos: la justificación por la fe, la justicia de Cristo (1070-1071).

El fuerte pregón del tercer ángel ya ha comenzado en la revelación de la justicia de Cristo (1073).

Me ha apenado tanto que no haya podido reconocer la voz de Jesús, el verdadero Pastor. El Señor ha manifestado la demostración de la verdad ante sus ojos; sin embargo, no discernió, y su corazón no fue subyugado por los impulsos del Espíritu Santo de Dios (1084).

Dios puede elegir instrumentos que nosotros no aceptemos, debido a que no coinciden exactamente con nuestras ideas … Entonces comienza la disección del carácter (1091).

Satanás es el acusador de los hermanos, y se siente exultante cuando logra que actúe la levadura del desafecto en los corazones humanos. Cuando consigue dividir a los hermanos tiene un júbilo infernal. Pienso que si mis hermanos pudieran ver, como yo he visto, cuánto mal se hace al hablar mal de nuestros hermanos, habría un cambio total en la manera en que cada uno trata al otro. No os comprendéis a vosotros mismos, interpretáis mal palabras y hechos, y los medís de acuerdo con vuestro punto de vista finito. Vuestra imaginación os extravía. Vuestros sentimientos, vuestras lenguas, que no están santificadas, son empleadas en un servicio y obra que es cualquier cosa, menos santa y cristiana.

¿Por qué cuestionar y buscar faltas en los demás? ¿Por qué malinterpretar y retorcer las palabras y acciones de vuestros hermanos? ¿No tenéis otra obra mejor que hacer que la de desanimar uno al otro, e intentar apartar la luz de vuestros hermanos? (1095).

Había esperado que la luz que ha estado brillando en rayos claros y nítidos desde el encuentro de Minneapolis hubiese inundado su alma (1106).

Entonces vio en la Review los artículos del hermano A.T. Jones relativos la imagen de la bestia, y luego el del pastor Smith presentando la posición opuesta. Quedó perplejo y perturbado. Había recibido mucha luz y consuelo al leer artículos de los hermanos Jones y Waggoner; pero he aquí uno de los obreros veteranos, uno que había escrito muchos de nuestros libros de referencia, y a quien él había creído instruido por Dios, y que parecía estar en conflicto con el hermano Jones (1119).

No debemos pisotear el mensaje ni los mensajeros por los que Dios enviará luz a su pueblo (1121).

Los que se opusieron a los hermanos Jones y Waggoner no manifestaron disposición a reunirse con ellos como hermanos, y con la Biblia en la mano considerar en oración y con un espíritu cristiano los puntos de diferencia (1122).

El hermano Jones ha estado dando el mensaje para este tiempo: alimento a su debido tiempo para el hambriento rebaño de Dios (1122).

El hermano Jones se esfuerza por despertar al profeso pueblo de Dios de su sueño mortal ... Al momento se levanta el hermano Gage; se pertrecha para la batalla y ante la congregación, en el tabernáculo, toma posición en antagonismo con el hermano Jones. ¿Hizo eso según la voluntad de Dios? ¿Acaso el Espíritu del Señor salió del hermano Jones, para inspirar al hermano Gage a hacer su obra? (1122-1123).

La asamblea en Minneapolis fue la oportunidad de oro para todos los presentes, para humillar el corazón ante Dios y dar la bienvenida a Jesús como al gran Instructor, pero la posición que algunos tomaron en ese encuentro significó su ruina. Desde entonces no han vuelto nunca más a ver claramente, ni lo volverán a hacer, ya que albergan persistentemente el espíritu que prevaleció allí, un espíritu impío, dado a la crítica, denunciatorio. Sin embargo, desde ese encuentro se ha dado generosa evidencia y luz abundante a fin de que todos puedan comprender lo que es la verdad. Los que fueron entonces engañados, habrían podido volver a la luz. Se podrían haber gozado en la verdad tal como es en Jesús, de no ser por el orgullo de sus propios corazones rebeldes. En el juicio se les preguntará: "¿Quién requirió eso de vuestra mano, que os levantaseis contra el mensaje y los mensajeros que Yo envié a mi pueblo con luz, gracia y poder? ¿Por qué habéis levantado vuestras almas contra Dios? ¿Por qué bloqueasteis el camino con vuestro propio espíritu perverso? Y posteriormente, cuando se acumuló más y más evidencia, ¿por qué no humillasteis vuestros corazones ante Dios y os arrepentisteis de vuestro rechazo al mensaje de gracia que él os envió?" (1126).

El poder de toda mente ... debe emplearse, no para obstruir el camino ante los mensajes que Dios envía a su pueblo (1127).

[Esos hermanos] pudieron haber sido instrumentos de Dios para hacer avanzar la obra con poder; pero su influencia se ejerció para contrarrestar el mensaje del Señor, para dar la impresión de que la obra era cuestionable. Será necesario arrepentirse de cada jota y tilde al respecto (1128).

La oposición en nuestras propias filas ha impuesto a los mensajeros del Señor una obra extenuante y probatoria, ya que han tenido que enfrentar dificultades y obstáculos que no debieron existir (1128).

La influencia que se gestó a partir de la resistencia a la luz y la verdad en Minneapolis tendió a dejar sin efecto la luz que Dios había dado a su pueblo mediante los Testimonios (1129).

En las bendiciones que desde entonces han acompañado a la presentación de la verdad, la justificación por la fe y la justicia imputada de Cristo, no han discernido evidencia avanzada de Dios en cuanto a dónde y cómo está él, y la forma en que ha estado obrando (1136).

Se me ha mostrado que el pastor Butler, el pastor Smith y usted mismo [Van Horn] están en una posición similar. Si bien no se ha opuesto abiertamente a la obra que el Señor mismo ha estado haciendo, se ha mantenido alejado de aquellos con quienes debió estar estrechamente relacionado. Si hubiese estado andando en la luz, habría bebido de la copa llena del vino de la verdad que ha sido llevada a sus labios; pero no; usted ha estado sólo parcialmente en armonía con la obra que los hermanos Jones y Waggoner han estado haciendo bajo la mano de Dios para traer a la iglesia la comprensión de su verdadero estado, y llevarla a la cena preparada para ella (1137).

No habrá razón alguna que puedan presentar [a los pastores Van Horn y U. Smith, fechado 1893] ante el gran trono blanco, cuando el Señor les dirija la pregunta: "¿Por qué no unisteis vuestros intereses con los de los mensajeros que yo envié? ¿Por qué no aceptasteis el mensaje que envié por medio de mis siervos? ¿Por qué acechasteis a esos hombres con el fin de encontrar algo para cuestionar y dudar, cuando debierais haber aceptado el mensaje que llevaba el sello del Altísimo?" (1138).

¿No pueden discernir quién lleva el mensaje para este tiempo al pueblo? (1139).

¿Cree usted, mi hermano, que si el Señor ha suscitado hombres para dar al mundo un mensaje para preparar al pueblo que esté en pie en el gran día de Dios, cree que alguien puede mediante su influencia detener la obra y cerrar la boca a los mensajeros?—No (1140).

¿Proviene de Dios la obra que se ha estado haciendo desde el encuentro de Minneapolis? Si no es así, entonces proviene de otro espíritu ... Sé que el Señor está en esta obra y nadie puede silenciar al mensajero que Dios envía, o reprimir el mensaje. El Señor se hará oír mediante sus agencias humanas. Y si algún hombre rehúsa aceptar la luz y andar en ella, esa luz no volverá a brillar en él (1141).

Vio los artículos del pastor Jones sobre la formación de la imagen [de la bestia] y fue grandemente bendecido al leerlos. Entonces vino el artículo del pastor Smith oponiéndose al pastor Jones. Eso lo puso en una situación de prueba, justamente antes de la semana de oración (1143).

No debemos despreciar el mensaje del Señor ni a sus mensajeros (1146).

Mi hermano, no me agrada que tenga esos sentimientos hacia los hermanos Waggoner, Jones y Prescott. Si estos hubiesen tenido la cooperación de nuestros hermanos en el ministerio actuando concertadamente, la obra estaría avanzada en años respecto a su estado actual. No agrada al Señor que usted retenga los sentimientos que tiene en esos asuntos [carta a Kellogg, 1893]

Esos hombres están obrando de acuerdo con sus líneas de trabajo, y deben atender los deberes asignados, que implican una responsabilidad inmensa (1147).

El curso de acción que se ha emprendido hacia el pastor Jones ha sido una ofensa a Dios (1156).

Poseemos toda evidencia de que el Señor está empleando al pastor Jones, al pastor Waggoner y al profesor Prescott; y con esa evidencia ante nosotros, hiere mi corazón que cualquiera de mis hermanos en la fe muestre impaciencia y amargura contra ellos, y rehúse armonizar con ellos en amor y unidad (1156).

Los hermanos Prescott, Jones y Waggoner son falibles. Usted es igualmente falible. Pueden equivocarse en ciertos puntos. También usted puede hacerlo (1158).

Se ha llamado excitación a lo que era luz del cielo ... Hemos de ser muy cuidadosos en no contristar al Espíritu Santo de Dios al declarar que la ministración de su Espíritu Santo es una especie de fanatismo (1210).

He tenido un miedo terrible de que aquellos que sintieron los brillantes rayos del Sol de justicia ... lleguen a la conclusión de que las bendiciones celestiales enviadas por Dios son un engaño (1212).

Me siento realmente apenada por los hermanos Prescott y Jones. Me he sentido muy ansiosa con respecto a ambos, pero especialmente en relación con el hermano Jones, cuya fe es tan ardiente, y que no manifiesta la cautela que debería en sus afirmaciones mediante la pluma o la voz. Oré para que estos queridos hermanos estuviesen tan completamente escondidos en Jesucristo como para no dar un solo paso equivocado. Hoy tengo más confianza en ellos de la que tuve en el pasado [fechada 1894], y creo plenamente que Dios será su ayudador, su consuelo y su esperanza (1240).

Guarde el corazón con toda diligencia, no sea que debido a un mal impulso contristemos y agraviemos a uno de los mensajeros escogidos del Señor. "No toquéis, dijo, a mis ungidos, ni hagáis mal a mis profetas" (1241).

Los hermanos Jones y Prescott son los mensajeros escogidos del Señor, amados de Dios. Han cooperado con Dios en la obra para este tiempo ... Estos hermanos son embajadores de Dios. Han captado prestamente los brillantes rayos del Sol de justicia y han respondido impartiendo a otros la luz celestial (1241-1242).

Que toda alma que haya recibido la teoría de la verdad preste ahora atención a cómo trata a los mensajeros de Dios. Que nadie sea hallado obrando en el bando de Satanás, como un acusador de los hermanos (1242).

Los que proclamen la verdad en amor y en demostración del Espíritu, corren el peligro de ser considerados como presuntuosos y confiados de sí mismos. Solamente Dios puede guardar a su pueblo de la trampa de poner la confianza en el yo, y de dejar de sentir su dependencia hacia él en todo momento. Hay hombres y mujeres que exaltarán al mensajero por encima del mensaje, que alabarán y exaltarán al mensajero, olvidando que es Dios quien obra maravillosamente por su intermedio para gloria del propio nombre del Señor. Deben alabar a Dios porque muchas almas están recibiendo, mediante el agente humano, instrucción que los está haciendo sabios para salvación. Deben dar gloria a Dios al ver mediante la interpretación de la palabra por los labios del mensajero, cosas maravillosas procedentes de los oráculos divinos (1244).

Algunos preguntarán por qué es posible que esos mensajeros que nos alimentan con el pan del cielo cometan una equivocación ... Hombres que han sido escogidos por Dios para hacer una obra especial han sido puestos en peligro debido a que la gente ha mirado al hombre en lugar de mirar a Dios. Cuando el pastor Butler fue presidente de la Asociación General, los pastores colocaron al pastor Butler, al pastor Smith y a algunos otros allí donde solamente Dios debía estar. Los hermanos cometieron errores graves, y el Señor envió mensajes de verdad para corregir sus errores y para llevarlos a caminos seguros. Pero a pesar de los reproches que se han dado al pueblo, siguen poniendo su confianza en el hombre, y exaltan y glorifican al agente humano, y ese error grave se repite una y otra vez (1244-1245).

El Señor tiene hombres escogidos para llevar luz y mensajes de gran importancia al pueblo en estos últimos días (1245).

En la presentación del mensaje actual tuvimos que contender por cada centímetro de terreno, y algunos no se han reconciliado con la providencia de Dios al seleccionar a los hombres que él escogió justamente para llevar ese mensaje especial. Preguntan: ¿Cómo es que no ha escogido a hombres que llevan tiempo en la obra? La razón es que él sabía que esos hombres de dilatada experiencia no desempeñarían la obra según los caminos y designios divinos. Dios ha escogido precisamente a los hombres que él quiso, y tenemos razones para agradecerle que los tales hayan desempeñado la obra con fidelidad, y que hayan sido los portavoces de Dios (1245).

Gracias a Dios, [Jones y Waggoner] oyeron su voz y la obedecieron al punto. En esos asuntos, las iglesias tienen la mayor evidencia de que esos hombres son escogidos del Señor. Él les ha dado un mensaje y ha obrado mediante ellos, debido a que oyeron la voz del consejo celestial y la obedecieron (1246).

¿Acaso los hombres [de responsabilidad en *Review and Herald*] que fueron de esa manera advertidos, han sido prontos para andar en el camino que les fue marcado, como lo han sido estos dos hermanos? No; no lo han sido (1246).

Que los que han sido negligentes en recibir la luz y la verdad no intenten aprovecharse de la equivocación de sus hermanos y los señalen con el dedo, y pronuncien palabras vanas debido a que los escogidos de Dios han sido demasiado ardientes en sus ideas, y han llevado ciertas cosas de una forma demasiado enérgica. Necesitamos elementos ardientes como esos; puesto que nuestra obra no es una obra pasiva, sino agresiva. Que los hombres que no han recibido las corrientes del pozo de Belén que les fue presentada, consideren cuánto se ha perdido al no ocupar su sitio ni hacer su parte en la precisa obra que Dios quería que hicieran. Si esos hombres de experiencia que han dejado de hacer su parte se hubiesen mantenido en los caminos que Dios determinó, y no hubieran seguido el consejo de los hombres sino el de Dios, se habrían conectado con los hombres que fueron escogidos para dar el mensaje que el pueblo necesitaba en estos últimos días. Dios habría obrado a través de ellos, y la obra habría avanzado mucho más rápida y sólidamente de lo que lo ha hecho. Hubieran podido hacer una obra preciosísima, de no haber acariciado un espíritu que no plugo a Dios y que cerró sus corazones a la obra del Espíritu Santo. Entraron en tentación y no se rindieron a la evidencia, sino que empezaron a cuestionar, a buscar faltas y a oponerse. Tal fue su actitud, y debido a su incredulidad Dios no pudo emplearlos para la gloria de su nombre. Contristaron al Espíritu de Dios una y otra vez. Si hubieran andado en obediencia a la luz que se les envió del cielo, su experiencia en la elevación y avance del mensaje del tercer ángel habría sido de gran valor en ayudar a completar la obra para este tiempo; pero rehusaron ocupar la posición para la que eran adecuados y dejaron de hacer la obra para la cual Dios los había cualificado, entregándose a la crítica y pensando que podían discernir muchos defectos en los hombres que Dios estaba empleando. Los agentes elegidos por Dios deberían haber conocido el gozo de obrar unidos con los hombres que se distanciaron de ellos, cuestionando, criticando y oponiéndoseles. Si hubiese habido unión entre esos hermanos, tal como Cristo encomendó en las lecciones que dio a sus discípulos, se habrían evitado ciertos errores y equivocaciones que han tenido lugar. Pero si los hombres que debieron haber empleado su experiencia en llevar adelante la obra han trabajado para obstruirla y se han producido equivocaciones que no habrían ocurrido de haber permanecido en el lugar que debían, ¿a quién tendrá Dios por responsables por esos errores posteriores? A los mismos hombres que debieron obtener luz y que debieron unirse con los fieles centinelas en estos últimos días de peligro [Carta a Haskell, fechada 1894] (1247-1248).

… hombres que han llevado el mensaje de Dios (1248).

… el Señor … les ha dado su mensaje (1248).

… ombres a los que Dios ha dado el mensaje de verdad para dar al mundo en este tiempo (1249).

… hermanos que han estado haciendo su obra (1249).

… mensaje que Dios ha dado (1249).

Aquellos que están satisfechos con una forma de piedad exclaman: "Sed cuidadosos, no vayáis a los extremos" (1251).

Se ha tratado sin respeto a los hombres mismos a quienes Dios ha confiado un mensaje para su pueblo (1299).

… los hombres que han traído este mensaje del evangelio (1300).

Usted ha albergado odio hacia el mensaje que los mensajeros escogidos [del Señor] han proclamado (1300).

… siervos delegados de Dios (1309).

Sin embargo, muchos han oído la verdad pronunciada en demostración del Espíritu, y no solamente han rehusado aceptar el mensaje, sino que han odiado la luz (1336).

El Señor, en su gran misericordia, envió un mensaje preciosísimo a su pueblo mediante los pastores Waggoner y Jones (1336).

Esa es precisamente la obra que el Señor quiere que el mensaje que él ha dado a sus siervos opere en el corazón y mente de todo agente humano (1339).

Dios dio a sus mensajeros precisamente lo que el pueblo necesitaba (1339).

¿Por cuánto tiempo odiareis y despreciareis a los mensajeros de la justicia de Dios? Dios les ha dado su mensaje. Llevan la palabra del Señor (1341).

… a los que el Señor reconoció como siervos suyos (1341).

Verá que esos hombres contra los que usted ha hablado, han sido como señales en el mundo, como testigos de Dios (1342).

Mensajeros delegados de Cristo (1342).

¿Por qué alberga tal amargura contra los pastores E.J. Waggoner y A.T. Jones? (1353).

Dios ha dado al hermano Jones y al hermano Waggoner un mensaje para el pueblo. Usted no cree que Dios los haya sustentado, pero él les ha dado luz preciosa y su mensaje ha alimentado al pueblo de Dios. Cuando usted rechaza el mensaje llevado por estos hombres, rechaza a Cristo, el Dador del mensaje (1353).

Libro cuatro

Han elegido despreciar tanto al mensajero como al mensaje, desde el tiempo en que a los pastores Jones y Waggoner se les encomendó una obra especial para estos últimos días (1395).

Por la luz que Dios me ha dado, estoy segura de que los hombres, algunos de ellos que son los principales promotores en los consejos de Battle Creek, necesitan primero confesar a Dios su rechazo a los mensajeros y al mensaje que él ha enviado (1410).

Se ha ignorado la justicia de Cristo por la fe (1436).

Esos hombres han odiado al mensajero y a los mensajes que Dios les ha dado para proclamar (1473).

Algunos se sintieron incómodos con este derramamiento, y se pusieron de manifiesto sus propias disposiciones naturales. Dijeron: 'No es más que excitación; no es el Espíritu Santo ni los aguaceros celestiales de la lluvia tardía'. Hubo corazones llenos de incredulidad, que no bebieron del Espíritu Santo, sino que desarrollaron amargura en su alma …

Los que resistieron al Espíritu de Dios en Minneapolis estuvieron esperando una oportunidad para recorrer el mismo camino otra vez …

Dijeron con su corazón, su alma y con sus palabras que esa manifestación del Espíritu Santo era fanatismo y engaño. Se mantuvieron como una roca, por encima y alrededor de la cual fluían las olas de la misericordia, pero sus endurecidos e impíos corazones las rechazaron, resistiendo a la obra del Espíritu Santo … todo el universo celestial fue testigo del trato afrentoso que se dio a Jesucristo, representado por el Espíritu Santo. Si Cristo hubiera estado ante ellos, lo habrían tratado de forma similar a como lo hicieron los judíos (1478-1479).

El Espíritu del Señor ha estado sobre sus mensajeros, a los que ha enviado con luz, preciosa luz (1485).

Aquí radica el secreto de los movimientos hechos para oponerse a los hombres que Dios ha enviado con un mensaje de bendición para su pueblo. Se les ha odiado, se ha despreciado el mensaje tan ciertamente como Cristo mismo fue odiado y despreciado en su primera venida. Hombres en posiciones de responsabilidad han mostrado los atributos mismos de Satanás (1525).

Hombres finitos han estado guerreando contra Dios, la verdad y los mensajeros escogidos del Señor, oponiéndose a ellos por todos los medios que se han atrevido a usar (1526).

… los mismos hombres que Dios ha usado para presentar luz y verdad que su pueblo necesitaba (1526).

A Battle Creek han venido hombres acompañados por el Espíritu Santo; pero a menos que batallasen por cada centímetro de terreno una y otra vez en procura de mantener métodos correctos, resultaron finalmente desbordados (1535).

Algunos han tratado al Espíritu como a un huésped indeseado, rehusando recibir el rico don, rehusando reconocerlo, dándole la espalda y condenándolo como fanatismo … Se resistió la luz que ha de alumbrar toda la tierra con su gloria, y por la acción de nuestros propios hermanos ha sido en gran medida mantenida alejada del mundo (1575).

Han ridiculizado, burlado y escarnecido a los siervos de Dios que les han traído un mensaje celestial de misericordia (1642).

Hombres que hacen profesión de piedad han despreciado a Cristo en la persona de sus mensajeros. Como los judíos, rechazan el mensaje de Dios …

Durante los últimos pocos años se ha hecho un trabajo serio … La luz del Sol de justicia ha estado brillando en todo lugar, y algunos la han recibido y mantenido con perseverancia. La obra se ha efectuado según los cauces de Cristo (1651).

Usted aborreció los mensajes enviados del cielo. Manifestó contra Cristo un prejuicio de las mismas características, y más ofensivo para Dios, que el de la nación judía (1656).

Rehusó aceptar la verdad del mensaje enviado del cielo (1656).

Sus suposiciones en relación con la posición y la obra de los pastores A.T. Jones y E.J. Waggoner eran incorrectas [carta a Henry, fechada 1898] (1759).

El Señor ha suscitado al hermano Jones y al hermano Waggoner para proclamar un mensaje al mundo, a fin de preparar a un pueblo para que esté en pie en el día de Dios (1814).

www.ingramcontent.com/pod-product-compliance
Lightning Source LLC
Chambersburg PA
CBHW030302130626
46549CB00002B/655